# 云南边疆民族地区边防文化建设研究

杨鸿春 熊 华 胡建刚 周 骏 著

云南出版集团
云南人民出版社

图书在版编目（CIP）数据

云南边疆民族地区边防文化建设研究 / 杨鸿春等著.
—昆明：云南人民出版社，2018.1
ISBN 978-7-222-17168-8

Ⅰ.①云… Ⅱ.①杨… Ⅲ.①边疆地区－民族地区－边防－文化－研究－云南 Ⅳ.①E254

中国版本图书馆CIP数据核字(2017)第330798号

出 品 人：赵石定
责任编辑：段兴民　周　颖
封面设计：王睿韬
责任校对：王　燕
责任印制：马文杰

## 云南边疆民族地区边防文化建设研究
YunNan BianJiangMinZu DiQu BianFangWenHua JianSheYanJiu
杨鸿春　熊　华　胡建刚　周　骏　著

| | |
|---|---|
| 出版 | 云南出版集团　云南人民出版社 |
| 发行 | 云南人民出版社 |
| 社址 | 昆明市环城西路609号 |
| 邮编 | 650034 |
| 网址 | www.ynpph.com.cn |
| E-mail | ynrms@sina.com |
| 开本 | 787mm×1092mm　1/16 |
| 印张 | 11 |
| 字数 | 180千 |
| 版次 | 2018年1月第1版第1次印刷 |
| 印刷 | 昆明卓林包装印刷有限公司 |
| 书号 | ISBN 978-7-222-17168-8 |
| 定价 | 25.00元 |

如需购买图书、反馈意见，请与我社联系
总编室：0871-64109126　发行部：0871-64108507　审校部：0871-64164626　印制部：0871-64191534

版权所有　侵权必究　印装差错　负责调换

云南人民出版社公众微信号

2016年度马克思主义理论研究和建设工程重大项目

国家社科基金特别委托项目"云南省边疆民族地区文化安全与治理实践经验研究"子课题

批准号：2016MSJ025

# 云南边疆民族地区边防文化建设研究

**课题负责人：**

杨鸿春：玉溪军分区党委常委、政治工作处主任

**课题组成员：**

胡建刚：中国人民解放军陆军边海防学院教授

周　骏：中国人民解放军陆军边海防学院副教授

熊　华：中国人民解放军国防大学政治学院马克思主义理论专业硕士研究生

# 目录 CONTENTS

**前　言 / 1**

**一　云南边疆民族地区边防文化的内涵 / 5**
　　（一）以边防守卫力量和边疆民族群众为主体 / 5
　　（二）以先进军事文化和边疆民族文化为根基 / 7
　　（三）以维护国家主权和促进边疆发展为目的 / 8
　　（四）以爱国和奉献为主要内容 / 9
　　（五）以思想理论和文学艺术为主要形式 / 11

**二　云南边疆民族地区边防文化的特征 / 13**
　　（一）强烈的政治性 / 13
　　（二）多样的民族性 / 15
　　（三）高度的融合性 / 16
　　（四）广泛的人民性 / 18
　　（五）鲜明的创新性 / 21

**三　云南边疆民族地区边防文化的地位作用 / 23**
　　（一）中国特色社会主义文化的组成部分 / 23
　　（二）优秀传统文化的继承创新 / 25
　　（三）凝聚军民力量的精神支柱 / 26
　　（四）戍边强边兴边的宝贵财富 / 28

**四　加强云南边疆民族地区边防文化建设的重要意义 / 31**
　　（一）保障边疆民族地区意识形态安全的根本途径 / 32
　　（二）维护民族团结和社会和谐稳定的客观需要 / 36
　　（三）抵御境外社会思潮影响的有力武器 / 41

五　云南边疆民族地区边防文化建设面临的挑战 / 45
　　（一）全球化带来的挑战 / 45
　　（二）经济社会发展滞后的挑战 / 49
　　（三）价值观多元化的挑战 / 53
　　（四）宗教信仰的挑战 / 57
　　（五）境外思潮的挑战 / 63
　　（六）互联网发展的挑战 / 65

六　云南边疆民族地区边防文化建设的理论基础 / 69
　　（一）马克思主义经典作家的文化建设理论 / 69
　　（二）马克思主义中国化的文化发展理论 / 72
　　（三）其他文化思想理论 / 79

七　云南边疆民族地区边防文化建设基本历程 / 85
　　（一）在戍边御敌的厚重历史中孕育形成 / 85
　　（二）在强边固防的实践探索中不断发展 / 88
　　（三）在文化自信的传承坚守中繁荣创新 / 93

八　云南边疆民族地区边防文化建设实践经验 / 101
　　（一）云南边防主体始终保持高度的文化自觉为边防文化建设提供了强大的精神动力 / 101
　　（二）云南边疆民族地区多种文化的相互融合为边防文化建设提供了丰富的文化根基 / 104
　　（三）云南军民在守边固防中的生动实践是边防文化建设的根本来源 / 106

九　云南边疆民族地区边防文化建设存在的问题及原因分析 / 108
　　（一）存在的问题 / 108
　　（二）存在问题的原因分析 / 111

十　加强云南省边疆民族地区边防文化建设的对策与思考 / 115
　　（一）坚定文化自信，科学筹划边防文化建设的顶层设计 / 115

（二）紧贴云南特色，统筹推进多种文化建设的相互融合 / 123

（三）加强组织领导，加快形成边防文化建设的机制体系 / 131

（四）注重实践创新，不断提升边防文化建设的时代特色 / 139

（五）着眼强边惠民，有效发挥边防文化建设的功能作用 / 142

**附　录（2017年发表的相关文章选登）/ 146**

论云南边疆民族地区的边防文化 / 146

推进云南民族文化和边防文化融合 / 155

南疆山魂 / 160

**后　记 / 164**

**参考文献 / 167**

# 前　言

《云南省边疆民族地区文化安全与治理实践经验研究》是2016年度马克思主义理论研究和建设工程重大项目，国家社科基金特别委托项目，由中共云南省委常委、省委宣传部部长赵金担任课题组组长，云南省社会科学院、中国（昆明）南亚东南亚研究院院长何祖坤担任第一首席专家。《云南边疆民族地区边防文化建设研究》是《云南省边疆民族地区文化安全与治理实践经验研究》的子课题，由玉溪军分区党委常委、政治工作处主任杨鸿春负责。

　　文化自信是一个国家、一个民族发展中更基本、更深沉、更持久的力量。党的十九大报告指出，文化是一个国家、一个民族的灵魂。文化兴国运兴，文化强民族强。没有高度的文化自信，没有文化的繁荣兴盛，就没有中华民族伟大复兴。边防文化是中国特色社会主义文化的重要组成部分，是守边固防的重要精神支柱，是凝聚军民力量的强大精神动力。云南地处祖国的西南边陲，是维护国家安全的重要屏障，在长期的戍边实践中，形成了历史厚重、源远流长、异彩纷呈的边防文化，在维护边防稳定、促进民族团结、推动经济社会发展上发挥了重要作用。近年来，随着形势的不断发展，云南边疆民族地区面临的内部外部不稳定因素逐渐增多，领土主权问题、大国牵制问题、民族宗教问题、社会稳定问题、自然灾害问题等相互叠加，对边疆民族地区稳定和发展提出了新的挑战。对于云南边疆民族地区的建设发展，党中央高度关注，习近平总书记在云南考察调研时明确指出，"希望云南主动服务和融入国家发展战略，闯出一条跨越式发展的路子来，努力成为民族团结进步示范区、生态文明建设排头兵、面向南亚东南亚辐射中心,谱写好中国梦的云南篇章",为云南边疆民族地区边防文化建设提供了根本遵循和重要指导。

云南是全国少数民族最多的省份,集边疆地区、民族地区、贫困地区于一体,在历史上是红军长征的征战地、抗日战争的重要战场,是中华人民共和国成立后战事最多、持续时间最长的边疆省份,在长期抵抗侵略、巩固边防、建设边疆的实践中,形成了以边防守卫力量和边疆民族群众为主体,以先进军事文化和边疆民族文化为根基,以维护国家主权和促进边疆发展为目的,以爱国和奉献为主要内容,以思想理论和文学艺术为主要形式的边防文化,是中华民族优秀文化和爱国主义精神的传承发展,是激励和鼓舞边疆军民建设边疆保卫边疆的先进文化。当前,在建设中国特色社会主义文化的宏大背景下,文化建设成为学术研究的热点,但对于特定地区边防文化建设的实践探索和经验总结,还鲜有学者涉及。学术界现有对边防文化的研究,大多侧重于理论层面,或偏重于宏观的制度体系设计,缺乏对微观层面具体案例的研究。

《云南边疆民族地区边防文化建设研究》以边防文化建设实践作为研究重点,运用规范和实证的研究方法,为云南边疆民族地区边防文化的创新发展提供学术支持,具有重要的理论意义和重大的现实意义。首先,研究云南边疆民族地区边防文化建设可以为文化理论研究提供有价值的实践经验材料。本课题从云南边疆民族地区文化建设的内涵、特征、地位作用、重要意义等理论问题入手,深入分析云南边疆民族地区边防文化建设面临的挑战、实践经验、存在问题及原因,为文化理论研究提供具体的个案研究文本和实证经验材料,具有重要的理论意义。其次,本课题从云南边疆民族地区边防文化建设的顶层设计、制度机制、文化融合、功能作用、创新发展等方面提出了创新发展边防文化建设的对策和思考,对于坚定文化自信,促进边防文化繁荣发展,提升边防建设质量,维护云南边疆民族地区安全稳定,促进经济社会全面发展,具有重大的现实意义。

近些年来，我们课题组成员先后主持和参与了有关党的理论创新、马克思主义大众化、军民融合、西南边防、区域经济、民族宗教、国家安全、周边关系等方面的课题研究。先后主持或参与了《江泽民军事创新思想研究》《西部大开发与国防建设》《印度战略文化与国防政策》《西南地区民族宗教问题与国家安全研究》《连锁反应条件下西南战区民族宗教问题研究》《当代社会思潮评析》《西藏历史文化与反分裂斗争研究》《维护西藏及四省藏区长治久安对策研究》《藏区、藏史、藏文化》《云南边疆民族地区国防建设成就问题启示》《大理市上关镇产业经济发展研究》《云南边境地区马克思主义大众化研究》等课题研究，对于该课题的深入研究打下了坚实的基础。

课题组

2017年12月

文化是一个国家、一个民族的灵魂。文化自信是一个国家、一个民族发展中更基本、更深沉、更持久的力量。云南边疆民族地区边防文化源远流长，内容丰富，博大精深，是历代边防主体在戍边守防伟大实践中不断形成的宝贵财富，是激励边疆军民扎根边疆、守卫边疆、建设边疆的精神之魂。本课题从云南边疆民族地区边防文化内涵界定入手，廓清了边防文化的主要特征，标定了边防文化的地位与作用，明确了云南边疆民族地区边防文化建设的理论基础和重要意义，梳理了云南边疆民族地区边防文化建设的基本历程、面临的挑战、实践经验和存在的问题，并在此基础上提出创新发展云南边疆民族地区边防文化的对策和建议。

# 一 云南边疆民族地区边防文化的内涵

边防是指国家为保卫主权、领土完整和安全,防备外敌入侵,维护边疆地区正常秩序和社会稳定,在边疆地区进行防卫和管理的活动。① 云南与越南、老挝和缅甸三个国家接壤相邻,有着4060公里的边防线,"八千里边防"孕育了源远流长、丰富多彩的边防文化。作为特殊的文化形态,云南边防文化是在长期边防实践中形成的,以边防守卫力量和边疆民族群众为主体,以先进军事文化和边疆民族文化为根基,以维护国家主权和促进边疆发展为目的,以爱国和奉献为主要内容,以思想理论和文学艺术为主要形式的精神活动及产品。如同中国特色社会主义文化,是源自于中华民族五千多年文明历史所孕育的中华优秀传统文化一样,云南边防文化也是在长期边防实践中,吸取先进军事文化和优秀边疆民族文化形成孕育的。

## (一)以边防守卫力量和边疆民族群众为主体

从实践的观点看,人不仅是文化作用的客体,而且还是文化的主体,并且最终作为主体表现为对文化的支配作用和享受地位,即按照自

---

① 中国人民解放军军语[M].北京:军事科学出版社,2011:12.

己的需要创造文化和改造文化。[①]云南边防文化主体具有多样性,并不局限于守卫边关的军人,而是既包括国家依法成立的边防守卫力量,也包括边疆民族地区的人民群众。首先,由于边防活动具有强烈的军事属性,自古以来边防守卫力量就是边防文化最为重要的主体。边防守卫力量是国家为保卫边疆地区安全和稳定而依法设置的防卫力量的总和。边防守卫力量的配置,是由国家边防体制和防卫地域的战略地位所决定的。云南是祖国的西南门户,在国家安全战略和军事战略中具有重要地位。在国家的边防守卫力量体系中,云南边防守卫力量由军队、武警、民兵、公安部队等力量组成。边防守卫力量在长期的边防实践中形成了富有爱国精神,体现时代特色,充满战斗激情,以军事文化为主体的军营边防文化。其次,云南是全国少数民族最多的省份,在长期的历史发展过程中,各族人民成为边防文化形成发展的重要主体。明清以前,云南因地处边疆,山河阻隔,文化发展缓慢,中原文化的传播并没有改变多民族文化并存的格局,在边疆地区部族文化仍然占统治地位,边防文化更多体现在抵抗外族侵略中所形成的土著文化之中。近代以来,部族文化的优势地位逐渐被中原文化所取代,在先进文化的引领下,先后出现了腾越起义、昆明重九起义、临安起义等军事行动,极大地提升了云南各族人民的国家意识和民族认同感。抗日战争爆发后,云南与重庆、桂林成为整个国家的文化中心,各族人民爱国热情不断高涨,积极抵抗日本侵略者,通过松山战役、腾冲光复,云南成为了抗战时期沦陷国土最早被全部收复的省份,边防文化在抗战实践中不断得到发展完善。新中国成立后,云南边疆各民族与边防守卫力量在保卫边疆、建设边疆的实践中,相互支援、共同奋斗,形成了以忠诚、奉献、牺牲、进取为精神特质的边防文化,成为中华文化的重要组成部分。

---

① 肖三,满开宏.理想的文化生存[M].北京:国防工业出版社,2012:7.

## （二）以先进军事文化和边疆民族文化为根基

文化是民族的血脉，是人民的精神家园。云南边防地位重要、周边情况复杂、边疆历史悠久、边防斗争尖锐，边防文化在长期的建设实践中融入了先进军事文化和边疆民族文化的精神特质，展现了边防守卫力量与广大民族群众守边卫国、建设边疆的深深情怀。先进军事文化是党领导人民军队在长期奋斗中创造的宝贵精神财富，是体现我军性质宗旨、职能任务、历史传统的文化形态，是提高我军战斗力的重要因素和滋养官兵的精神沃土[①]。先进军事文化作为社会主义先进文化的重要组成部分，是边防文化赖以生存和发展的精神沃土。作为边防文化的主要创造者，人民军队在戍边卫国中的具体实践和塑造的精神财富是边防文化的重要组成部分。云南边防部队在边防建设中不断吸收和继承先进军事文化的精髓，逐步积淀形成了以民族气节、革命英雄主义、乐观主义和"不怕死、不怕苦、不怕亏"的老山精神为代表的边防文化。另一方面，云南悠久的历史文化和多彩的民族文化成为边防文化的重要来源。"云南的重要性不仅在于它本身就是一个硕大的市场，还在于它的地理位置的关键。自古以来，云南就是中国西南的门户，是联系巴蜀、藏、陕西部广大市场的纽带；是进入中国腹地经济最发达地区——长江流域市场又一重要通道和陆桥。"[②]如诗如画的云南边防，处处写满了抗敌御辱、富民兴滇、强边固防的故事。近代以来，英、法等帝国主义妄图通过入侵云南侵略整个中国，云南各族人民英勇抗击外来侵略者，1856年滇南建水、通海、江川等地彝汉群众烧毁教堂，赶走了披着宗教外衣的帝国主义分子；1895年元阳、金平等地彝族、哈尼族群众曾多次抗击侵略滇南边疆的法国侵略军；19世纪末到20世纪初，英帝国主义不断武装入侵阿佤山，佤、傣各族群众起来抗击英国入侵。在反抗外来侵略的过程中，云南各族人民提升了对国家主体文化精神的认识，形成了团结

---

[①] 宋宴.军事文化建设新探[M].北京:国防大学出版社,2013:12.
[②] 陆韧.云南对外交通史[M].昆明:云南民族出版社,1997:320

一心、共御外侮、对抗邪恶、不畏强暴的反侵略精神。同时，云南少数民族多彩的民俗文化、歌舞文化也是边防文化形成的重要来源，如景颇族的目瑙舞向世人再现景颇先祖对外御敌时紧如铁壁、变幻莫测的战斗阵形，傈僳族的"爬刀竿"，其他少数民族的斗牛、摔跤、射箭，刀舞等民俗活动培养了少数民族英勇顽强的性格、坚忍不拔的毅力、视死如归的大无畏精神。

（三）以维护国家主权和促进边疆发展为目的

治国必先治边，边防的稳定直接影响国家发展。边疆地区是维护国家领土主权完整和保持社会长治久安的重要屏障。云南地处祖国的西南边疆，毗邻世界毒品集散地"金三角"，"黄赌毒私特艾"侵蚀严重，边疆缅方一侧"民地武"长期割据，时常与政府军发生摩擦，给云南边疆管控和防卫增加了不稳定因素。云南边防文化建设立足于国家安全和发展战略全局，服务于边防建设实践，坚决维护国家主权和领土完整，坚决维护国家经济、政治、社会、文化、生态安全。边防的稳定离不开边疆的发展。由于自然和历史的原因，云南少数民族众多，社会经济发展相对较慢，自然条件艰苦、交通不便、信息相对闭塞，民族宗教问题错综复杂。然而边疆地区有着浓郁的民族风情和人文资源，优秀的边防文化广泛借鉴融合了各少数民族文化的优良传统。云南边防文化坚持为边疆发展服务的原则，通过文化的引领作用，凝聚广大人民群众建设边疆、发展边疆的强大精神力量。在文化建设的具体实践中，云南边防文化展现了各族人民扎根边疆、任劳任怨、自强不息的宏伟画卷，体现了边防守卫力量无私奉献、卫国戍边、渴求真理、向往和平的精神追求，承载着军民团结的巨大精神力量，弘扬边防文化，共建边疆特色文化，传承边疆军民携手共御外敌、保家卫国的优良传统，不断加强边疆各民族团结，加深军民鱼水情谊，密切军民关系，增强民族凝聚力，激发军民热爱边疆、建设边疆、保卫边疆的爱国主义精神。同时，把边防主体思想统一到维护边境安全稳定、发展睦邻友好关系上，引导激励军民一体保护建设家园,形成军民联防的共建体系,增强全民边防意识、军民战备观念,使边防文化成为促进边疆经济建设和国防建设协调发展、可持续发展的巨大动力。弘扬优秀边防文化,增强文化兴边效应,着眼边疆长远发展,发挥和谐边防文化的渗透融合作用,彰显民族精神,凝聚各方力量,增进边疆和谐社会的繁荣发展。

### (四)以爱国和奉献为主要内容

人民有信仰,国家有力量,民族有希望。爱国主义精神是一个国家民族内聚力的外在表现,其核心是忠于国家,维护民族利益。爱国主义,是一个国家、一个民族凝聚人民的思想基础和追求进步的强大精神动力。从时间上看,爱国主义是一个历史的概念。自从出现了民族分别,产生了国家,就有了爱国主义的情感、爱国主义的思想观念。在人类历史的长河中,爱国主义思想有着不竭的生命力。从空间角度讲,爱国主义是一个区域的概念,不同的民族、不同的国家,由于它所处的地理环境不同、文化不同、风俗习惯和思维方式的差异,爱国主义情感和爱国主义思想观念各不相同。但是,无论古今,无论地域远近,爱国主义都是民族和国家赖以生存、发展的基础。作为一种思想感情和特定的行为规范,爱国主义与一个民族的文化精神密切相关。在中国,爱国主义的传统与传统文化互相影响,两者共同发展。可以说,传统文化精神及其特质是中国传统爱国主义产生的"文化土壤"。在我国,爱国主义从古至今都是中华民族精神的主旋律。在当代中国,大力弘扬爱国主义精神,高举爱国主义旗帜,无论是对推动中国现代化建设,实现中华民族的伟大复兴,还是对推动祖国和平统一,实现中华民族的大团结,都具有深远的历史意义和现实意义。在我国五千年的文明史上,爱国主义始终是炎黄子孙维系国家统一、促进民族团结的纽带,它是中华民族政治文化思想、民族性格、传统道德观念升华的结晶,是维系中华民族生存发展的精神支柱和内在动力,也是边防文化的灵魂。

深入挖掘中华优秀传统文化蕴含的思想观念、人文精神、道德规范,结合时代要求继承创新,让中华文化展现出永久魅力和时代风采。云南边疆民族地区的边防文化,处处折射出那种爱国和奉献的边防情怀、为国为民效命沙场的担当精神。老山精神之所以闻名天下,激励和鼓舞了整整一代人,根本原因就在它集中体现了祖国利益高于一切的爱国主义精神;英勇顽强不怕流血牺牲的革命英雄主义精神;为祖国和人民的利益甘愿吃亏的无私奉献精神;团结协作的集体主义精神;不畏一切艰难困苦的革命乐观主义精神。这些精神如同穿越历史的回响,使云南边疆民族地区的边防文化绽放异彩,使边防主体的价值得到最美阐释。爱国奉献是边防主体最高的行为准则,也是中华传统边防文化亘古不变的主题。对于边防主体来说,爱国奉献是一种精神,更是一种能力。在中国传统文化中,奉献是一种内省的精神,一种为了理想事业可以献出一切的意志愿望。奉献既是一种高尚的品质,也是边防主体实现自身价值的基本途径。

中国特色社会主义文化,是熔铸于党领导人民在革命、建设、改革中创造的革命文化和社会主义先进文化,云南边疆民族地区边防文化是其中的组成部分。伟大的精神蕴含巨大的价值,形成伟大的力量。边防精神的一个升华点就是面对艰苦而不怕艰苦,居于寂寞而又不甘寂寞,自觉以边防为家,不计报酬,不求索取,默默无闻,热爱边疆,敬业奉献,"舍小家顾大家,赤胆忠心为国家",把为祖国和人民奉献作为人生的价值追求。云南边防主体面对艰苦恶劣的自然环境、复杂敏感的边疆斗争形势、艰巨繁重的守防任务,形成了以爱国和奉献为主要内容的边防文化。从历史上看,云南因地处边疆,历史上曾为饱受战争蹂躏的边地,各族人民同仇敌忾并肩战斗,求解放、保和平,共同书写着爱国尚武情怀。

云南是红军长征的征战地、抗日战争的重要战场,在长期抵抗侵略、巩固边防、建设边疆的实践中,形成了以爱国主义为核心的优秀军事文化,成为边防文化的重要来源。云南边防自然环境艰苦、经济社会发展落后,边情民情复杂,牺牲和奉献是边防文化重要的价值追求。边防部队官兵为了祖国边疆的安宁,常年驻守在高山、密林之中,与荒凉和寂寞相伴,守卫着八千里边防线。边防公安和武警官兵守卫着边疆口岸和通道,在与走私和毒品的较量中,经常面临生与死的考验。历代边防守卫者用忠诚写下了奉献的誓言,为国家和民族进行了艰苦卓绝、可歌可泣的浴血奋战,共同铸就了坚不可摧的西南边防钢铁长城。

### (五)以思想理论和文学艺术为主要形式

文化必须借助一定的载体、采用特定的形式表现出来才能发挥凝聚人、感染人、鼓舞人的作用,才能使文化不断得到延续、传承和发展。边防文化是边防实践的产物,是边防部队物质文化和精神文化的总和。它反映的是边防主体守边固防的特色文化现象,是建设边疆、保卫边疆过程中特有的文化规律,是理想信念、思想道德和精神风貌等在边防领域的文化复合体。从文化客体的角度,文化的表现具有"形而上"和"形而下"的层次特征。"形而上者谓之道,形而下者谓之器"。"形而上"的文化主要指精神文化,"形而下"的文化则主要指物质文化。所以,从具体表现形式来看,我们将边防文化的表现归纳为思想理论和文学艺术两个大类。云南边防文化历史悠久、底蕴丰厚、形式多样,每个界碑都铭刻着一个故事,每段边防线都延续着一份情愫,每个哨所都涵养着一种精神。从表现形式上划分,云南边防文化可分为以逻辑思维为主要表达方式的思想理论和以形象思维为主要表达方式的文学艺术作品。思想理论主要包括研究云南边防文化实践的理论归纳与总结概括,如学术文章、理论著作、研究报告等。从目前学界的研究情况看,对云南边防文化的理论研究还缺乏深度和广度,现有的研究大多从边防军营文化的角度开展研究,对边防文化与民族文化的融合、民族地区边防文化的理论与实践等领域研究不够。社会主义文艺是人民的文艺,文学艺术作品包括小说、书法、雕塑、音乐、歌曲、美术、舞蹈、电影、戏剧、电视剧等艺术表现形式。新中国成立以来,云南先后产生了一批军事题材的优秀影视剧和脍炙人口的军旅歌曲以及反映民族团结、边防建设和军民一心戍边御敌的作品，紧扣时代脉搏，讴歌时代主旋律，在社会上引起强烈反响。云南边疆少数民族地区是"歌的海洋""舞的世界"，在长期的历史发展过程中，云南众多民族和历代边防守卫力量创造了丰富多彩的边防文化艺术形式和艺术作品，是中华艺术宝库中的珍贵财富。

# 二 云南边疆民族地区边防文化的特征

毛泽东同志曾经指出："对于事物的每一运动形式，必须注意它和其他各种运动形式的共同点。但是，尤其重要的，成为我们认识事物的基础的东西，则是必须注意它的特殊点。"[①]边防文化的特征是指在其产生发展过程中受历史文化、地理环境、人文精神、民族差异、宗教信仰的影响，表现出来的本质属性和独特表现。在自然、历史、现实、社会、经济、政治、文化、科技、战争诸因素综合作用下，云南边疆民族地区边防文化呈现出以下几方面的特征：

## （一）强烈的政治性

毛泽东同志指出："文化是反映政治斗争和经济斗争的，但它同时又能指导政治斗争和经济斗争。文化是不可少的，任何社会没有文化就建设不起来。"边防文化以维护国家主权和促进边疆发展为目的，从这个意义上来说，边防文化具有强烈的政治属性。边防文化虽然属于文化范畴，但却不同于大众文化，属于中国特色社会主义文化中维护国家根本利益的文化，根本原因在于边防文化姓"军"，是政治性很强的文化。

---

① 毛泽东选集(第1卷)[M].北京:人民出版社,1991:308.

强调边防文化的政治性，有利于把握发展边防文化的正确方向，有利于推进边防文化的繁荣和发展。边防文化是边防实践长期的历史积淀，体现着维护国家主权的价值追求，凝聚着守边主体的理想信念，展示着边疆各族人民坚决捍卫领土主权完整的坚强决心，其突出作用首先表现在激励士气与凝聚人心上，是作为党和国家意识形态中最先进的部分存在着。在当前这个不同思潮激烈碰撞、社会充分活跃的背景下，作为中国特色社会主义文化组成部分的边防文化如果能够发挥好功能作用，将能更好地凝聚力量、汇聚智慧，巩固国家安全。这也就是为什么帝国主义侵略者在武力掠夺的同时不会忘记对被侵略民族加紧进行文化同化，也是为什么西方采取各种手段推行其文化战略，试图对我国进行西化分化。特别是一些西方国家利用长期积累的经济科技优势和话语强势，对外推销以所谓"普世价值"为内核的思想文化，企图诱导人们"以西为美""唯西是从"，淡化乃至放弃对本民族精神文化的认同。党的十九大报告强调，文化是一个国家、一个民族的灵魂，文化自信是一个国家、一个民族发展中更基本、更深沉、更持久的力量。边防文化，作为一种独具特色的精神财富，已经融汇成一种红色血脉，滋育着边防主体和边疆各族人民，集中反映着人民群众的政治价值观。

近年来，云南在国家战略中的区位优势更加凸显，既是国家对外开放、走向东南亚南亚的战略要冲和"一带一路"的排头兵，又是抵御外敌入侵的重要屏障，同时还是大国利益的交汇区、各种矛盾的交集区、维护国家主权的复杂区，传统安全威胁与非传统安全威胁并存，云南周边安全与国家核心利益的关联度持续上升。藏独、疆独、民运等分裂势力活动频繁，缅甸政局不稳，缅北形势紧张，对云南社会稳定、边疆安全造成重大隐患。边防稳定关系到国家的长治久安，关系到边疆的长远发展。云南边疆民族地区边防文化建设始终坚持以马克思主义先进军事文化为指导，坚持习近平新时代中国特色社会主义思想，坚持习近平强军思想，以党和国家的路线方针政策为遵循，吸收先进军事文化、国防文化、民族文化的精华，体现中国特色社会主义先进文化的要求，成为凝聚各方力量意志的精神力量。新形势下必须大力加强云南民族文化和国防文化的建设，唤起各民族的忧患意识和使命意识，为云南边疆民族地区的长治久安营造浓厚的思想文化氛围。

（二）多样的民族性

民族性在英文中称为national character或national characteristics，在德文中称为Volkscharacker，在字源上是由"民族"和"性"两个词合成。现实社会中的人总是归属于某一个民族，文化的本质是"人化自然"，那么民族就是文化的必然载体。文化是人类适应生存环境的社会成果，为人的社会群体所共享，所以文化与民族须臾不能分离，相融共生。[①]文化是人类社会所特有的现象，文化的产生从根本上说是人类社会劳动实践的产物。和动物的本能活动不同，人类的社会实践活动是一种有目的、有意识的活动，它是人们在一定的思想意识观念指导下自觉改造客观世界的实践活动。对于人类来说，在任何实践活动开始前，这种时间活动的结果已经观念性地存在于实践者的头脑中了。正如马克思所说："蜘蛛的活动与织工的活动相似，蜜蜂建筑蜂房的本领使人间的许多建筑师感到惭愧，但是最蹩脚的建筑师从一开始就比最灵巧的蜜蜂高明的地方，是他在用蜂蜡建筑蜂房以前，已经在自己的头脑中把它建成。劳动过程结束时得到的结果，在这个过程开始时就已经在劳动者的表象中存在着，即已经观念地存在着。他不仅使自然物发生形式变化，同时他还在自然物中实现自己的目的，这个目的是他所知道的，是作为规律决定着他的劳动方式和方法的，他必然使他的意志服从这个目的。"[②]意识性是人类实践活动区别于动物本能活动的根本特征。它是以人的精神活动及产品为标志的，它使人的精神活动成为具体实践活动的先导和内在环节。实践活动是人类生存和发展的最根本活动方式，而精神活动

---

① 赵世林.云南少数民族文化传承论纲[M].昆明:云南人民出版社,2011:14.

② 马克思恩格斯全集(第23卷)[M].北京:人民出版社,1972:202.

又是人类实践活动所固有的内在环节。因此，文化作为人类精神活动及其产物，必然内在地蕴含于人类实践活动之中。

任何一种文化首先是一种民族文化，它是民族精神和民族传统的具体体现。没有文化的民族性，就没有文化存在的土壤和根基，也没有文化发展的源泉和力量。中华优秀传统文化是中华民族的精神命脉，是涵养云南边疆民族地区边防文化的重要源泉。中国特色社会主义文化是中华民族的新文化，它代表的是中华民族的根本利益，反映的是民族复兴崛起要求和发展方向。"由文化在一定空间存在即同一社会人群相关的必然中，产生了文化的民族性；有文化在一定的时间存在即一社会变迁相关的必然中，产生了文化的时代性，构成文化的社会属性或本质属性。"[①]云南边疆民族地区十里不同天，十里不同俗，在这片美丽神奇富饶的土地上，25个世居少数民族跳着自己独特的舞蹈，唱着自己独特的歌谣。彝族"火把节"、白族"三月街"、傣族"泼水节"、傈僳族"上刀山下火海"，纷纭的文化、不同的生活方式和形态各异的风俗，使云南边防成为一条绚丽多彩的民族文化画廊。云南边防文化融入了云南各民族文化中爱国奉献、团结和睦、勤劳朴实的文化内容，代表着各族人民保家卫国、民族团结、民族发展的共同利益和愿望。从表现形式上看，不同的文化主体创造的边防文化各具特色。边防守卫力量创造的军营文化展现边防官兵听党指挥、报效国家、牺牲奉献的精神力量。边疆少数民族的边防文化以歌舞、诗歌等文学作品为主要表现形式，展现了各族人民保卫边防、建设边疆的精神风貌。

### （三）高度的融合性

我国有5000多年的文明发展史，在这片辽阔的土地上，曾经有众多的民族登上历史的舞台。这些民族经过诞育、分化和交融，最终形成了今天的56个民族。多民族、多文化是我国的一大特色，也是我国发展

---

[①] 庞朴.近代以来的中国人文化认识历程[J].教学与研究,1988(1).

的一大动力。中华各民族在缔造和捍卫统一多民族国家的长期历史过程中，不断发展了经济上的联系和文化上的交流，推动了祖国的经济发展、文化繁荣和社会进步。

文化是人们在改造客观世界过程中创造的精神成果的总和。文化的基本特性是融合性，即文化指的不是某种精神要素如知识或艺术，而是由知识、价值观、习俗等内容和艺术、道德、宗教、政治法律思想、科学、哲学等相互融合构成的统一的精神世界。从民族国家内部来看，文化包含着多民族的文化因素。以中华民族文化为例，我们所说的中华文化，从来不是指生活在中原地带的汉族或某些少数民族的"小"文化，而是中华民族在长期的历史发展过程中由众多民族性的文化通过交流、融合所创造、凝结而成的中国华夏文化，这无疑是一种多民族文化经过多样化统一后的"大"文化。这种文化以生活在中华大地上的不同民族及其文化多样性为发展基础，以各民族的共同联系和民族精神的认同为纽带，在各层次上形成了包含各民族文化在内的中华民族文化。比如，西域优美的声调和乐器传入中原，对中原音乐产生重大影响。闻名中外的敦煌、麦积山、云冈、龙门石窟以及克孜尔千佛洞，是汉族、鲜卑、吐蕃以及西域各族艺术家和劳动人民共同创造的。少数民族的语言文字，丰富了中华民族的语言文字宝库。我们今天习以为常的许多事物，例如用的桌椅、穿的旗袍，吃的火锅，说的普通话，读的《红楼梦》，等等，都与少数民族的贡献密不可分。比如，"哥"这个词就是鲜卑语，魏晋之前，汉语只有"兄"而没有"哥"。各民族文化的交相辉映，共同铸就了中华文明的多姿多彩、历久弥新。对中国文化民族性来说，它既以汉族文化为主体，但同时又包含众多少数民族的文化，是各民族文化互相融合、中华民族所共有的文化。中国历史上的各民族、今天的各民族，共同开发了祖国的锦绣河山、广袤疆域，共同创造了悠久的中国历史、灿烂的中华文化，都对国家发展做出了不可磨灭的巨大贡献。从民族国家之间的交流来看，文化也包含着文化世界性的因素。当今世界，没有一个国家能够在封闭中求得生存，民族国家无论是主动还是被动,都会受到世界性文化因素的影响。而在国际竞争中表现出来的一些统一的文化发展趋势,总会包容到文化的民族性中来。

融合是人类文化发展的总趋势。早在150多年前,马克思就深刻指出:"资产阶级,由于开拓了世界市场,使一切国家的生产和消费都成为世界性的了。……过去那种地方和民族的自给自足和闭关自守状态,被各民族的各方面的互相往来和各方面的互相依赖所代替了。物质的生产是如此,精神的生产也是如此。各民族的精神产品成了公共的财产。民族的片面性和局限性日益成为不可能,于是由许多民族的和地方的文学形成了一种世界的文学"。一个半世纪以来人类历史的发展进程不断证明着这一论断的正确性。人类文化发展的历史证明,对于文化最有效的保护就是与时俱进地不断发展,发展才是硬道理;对于文化最有效的继承就是和母体血肉相连地不断创新,创新才有生命力。经济全球化时代,对于文化安全最有效的应对措施就是在开放中融合,在融合中扬弃,在扬弃中发展。云南边防文化的形成过程也是不同各民族相互融合,不断强化国家认同、民族认同的过程。这种交流融合不仅局限于边防主体之间、各族群众之间的融合,更扩展到云南边防文化与内地文化、与其他地区边防文化、跨境文化的交流融合。边防守卫力量与边疆民族群众在戍边卫国的同时,积极投身西部大开发、兴边富民工程建设,充分发挥边防文化的渗透融合作用,不断增强边防文化的时代性和感召力。云南边疆民族地区边防文化与民族文化、国防文化、军营文化的融合,有利于加强军政军民团结,巩固富民兴滇强边固防的思想根基;有利于确保边疆民族地区意识形态安全,维护边疆长治久安和社会繁荣稳定;有利于推动民族团结进步示范区、生态文明建设排头兵、面向南亚东南亚辐射中心建设,闯出一条跨越式发展的路子;有利于推动边疆地区与全国同步全面建成小康社会,谱写中国梦云南新篇章。

(四)广泛的人民性

人民是历史的创造者,是决定党和国家前途命运的根本力量。人民的立场是马克思主义的根本立场,人民性是社会主义文化的本质属性。文化作为特定人们共同体实践活动的结果的积累和记录,它从产生就打上了主体的印记,需要注意的是,这种独特的印记不是一朝一夕完成的,更不是某一个独立的个体个人所创造的。文化一定是隶属于一定的人们共同体,是这一共同体在长期的对象化活动中,所形成的实践能力和共同心理的反映。因而,文化从产生就与文化的大众性、人民性密切相关。我们党的早期领导人张闻天曾指出,所谓文化大众化,应该包括两方面的含义:一是代表大众的利益,努力从各方面提高新文化的水准,"但这样的新文化,由于旧社会给予大众的低下的文化水平,今天可能还不为大众所完全了解";另一方面,是"必须为大众所接受,所把握",也就是"必须使新文化去适应大众今天的文化水平。在这一含义上的大众化,就包含有把新文化通俗化的意义"。张闻天在《抗战以来中华民族的新文化运动与今后任务》一文中说道:"真正能为民族、民主、科学而斗争的文化,必须是大众的新文化,而不是少数特权者、剥削者的文化;反之,大众的新文化,也必须是能为民族、民主、科学而斗争的文化"。

中国特色社会主义文化是"民族的科学的大众的文化",必须面向大众、服务人民。毛泽东揭示了文化和民众的关系,认为是人民群众创造了文化,是文化发展的不竭动力。"人民生活中本来存在着文学艺术原料的矿藏,这是自然形态的东西,是粗糙的东西,但也是最生动、最丰富、最基本的东西……它们是一切文学艺术取之不尽、用之不竭的唯一的源泉。"[①]群众是文化发展最重要的源泉,肯定了人民性是马克思主义文化理论的根本特征。人民群众是文化的创造者,社会主义文化天然地带有人民属性,自然要为工农大众服务,要回归大众。社会主义文化是人民大众的文化,由此党确立了文化"为人民服务、为社会主义服务"的"二为"方向以及其他方针。为什么人的问题是区分文化建设性

① 毛泽东选集(第3卷)[M].北京:人民出版社,1991:860.

质的一个重要标志。毛泽东指出："我们的文化是人民的文化，文化工作者必须有为人民服务的高度的热忱，必须联系群众，而不要脱离群众。一切为群众的工作都要从群众的需要出发，而不是从任何良好的个人愿望出发。"①人民是历史的创造者，是历史的"剧中人"。因此，毛泽东也曾指出，理论就是系统化了的经验，人民群众是社会实践的主体，人民群众的实践经验是我们党理论创新的真正来源和动力。他认为社会主义文化大众化的主体是人民群众，如果要建立服务于群众的大众化的文化，也就是文化要为人民服务的思想；毛泽东反复强调文化大众化的立足点是文化民族性，要结合中国的特点建立中国化的文化，任何外来的东西包括马克思主义必须予以中国化，即必须转换为民族文化的一个要素、一个成分；毛泽东主张在文化发展上要"百花齐放、百家争鸣"，既要吸纳中国文化传统，又要借鉴西方文化的有益成分，大众化要具有开放性的机制，有利于文化的不断创新。

中国先进文化是反映和促进人的全面发展的，中国特色社会主义文化建设是中国传统文化的民族性与人民性的统一，体现了文化的群众性与普及性。中国先进文化体现了先进文化的民族性，即它与世界其他任何先进文化都有相同性，但又是立足于本土，继承民族优秀文化的先进文化。实践的主体是广大人民群众，即实践是广大人民群众的实践。这就是说，先进文化源于广大人民群众。先进文化的基础根植于广大人民群众丰富多彩、生动活泼的实践之中。广大人民群众的实践活动是先进文化创造的源头活水。广大人民群众不仅是物质财富的创造者，也是精神财富的创造者。他们的生产实践为创造精神财富提供了必要的物质前提，同时，也为精神产品的生产提供了丰富的素材。云南边防文化来源于人民、植根于人民，展现了强大的生命力与凝聚力。就文化的主体而言，云南边防文化的创造主体和接受客体都不局限于以军人为主的边防守卫力量。广大人民群众，特别是边疆民族群众已经成为云南边防文化

---

① 毛泽东选集（第3卷）[M].北京：人民出版社,1991:1012.

的创造主体和受众客体。云南边防文化主体既是文化的创造者，也是文化的参与者，代表着云南各族人民群众的根本利益与要求，既扎根于人民大众的文化实践，又发展于人民大众的文化创造活动。边防文化建设是一项宏大的系统工程，需要边疆各族人民和边防官兵的共同努力。人民群众和边防官兵不仅是物质财富的创造者，也是精神财富的创造者。要充分发挥人民群众和边防官兵在边防文化建设中的主体作用，坚持发展为了人民、发展依靠人民、发展成果由人民共享，进一步激发人民群众和边防官兵的文化创造潜能，使边防文化大发展大繁荣拥有广泛而坚实的群众基础。边防文化建设要采取有效措施、创造有利条件，动员党政各部门、社会各方面共同参与边防文化建设，让一切边防文化创造的活力竞相迸发，让一切边防文化创造的源泉充分涌流，让一切有志于边防文化创造的建设者积极性得到充分发挥。

（五）鲜明的创新性

习近平总书记指出："不忘本来才能开辟未来，善于继承才能更好创新。"党的十九大报告强调，推动中华优秀传统文化创造性转化、创新性发展，继承革命文化，发展社会主义先进文化，不忘本来、吸收外来、面向未来，更好构筑中国精神、中国价值、中国力量，为人民提供精神指引。创新是文化发展的灵魂，只有大力进行文化创新，不断推陈出新，才能使我们的文化生生不息，充满创造活力。文化的发展原本就是一个传承基因、新陈代谢、不断创新的过程。文化创新是在文化积累传承的同时，吸收人类社会诸方面实践文化成果转化为新的文化成果的过程，是一个民族保持旺盛的生命力和强大的凝聚力、影响力的根本保证。文化的有机继承，是文化创新的基础；通过改革和外部的信息交流不断激发文化的内生动力与活力，是文化创新的必要条件；各个领域的社会实践，是文化创新的营养来源；弘扬民族精神和时代精神，是文化创新的重要追求；促进人的全面发展，是文化创新的根本目的。文化如水，润物无声，文化融入民族的血脉之中，影响人们的自觉行为，如果一个国家或民族文化的创新性强，就会影响这个国家或民族自觉创新，人民就会涌动创新激情，随时随地都会奋勇创新，不仅文化工作者会自觉进行文化创新，各行各业人士受文化力的浸润也都会自觉进行创新，从而促进科技等各项创新、促进各项改革、促进制度创新，进而又相应地促进各种文化创新，使文化处于先进的地位。

文化创新性强，文化就会先进，就会促进文化创新乃至各方面创新，文化资源就会经过创新利用，转化为经济社会发展的资源。久远厚重的民族历史文化资源如果能够不断创新发展，就会成为经济社会发展的财富；反过来，如果文化创新性弱，甚至保守性强，文化就会落后，就会影响文化创新乃至各方面创新，那么这个民族或国家的历史文化资源就难以得到有效转化，甚至成为包袱，制约其经济社会的发展。云南边疆民族地区边防文化建设，坚持马克思主义的方法，采取马克思主义的态度，坚持古为今用、推陈出新，有鉴别地加以对待，有扬弃地予以继承。边防文化始终注重在继承的基础上不断创新，形成了独具云南特色的文化现象。比如，云南省创造性地实施了"千里边疆党建长廊"工程，在25个边境县推开，探索了"一个党支部一座堡垒，一个党员一面旗帜，一个边民一个哨兵"的云南模式，夯实了基层执政基础，维护了国家形象，促进了民族团结和边疆安全。云南驻军着眼发展先进军事文化，开展"云南边防八千里文化长廊"建设，实施"维稳、民心、固本、兴边"工程，为加速推进军事斗争准备，加强部队全面建设，有效履行肩负的历史使命提供了强大的精神动力。

# 三 云南边疆民族地区边防文化的地位作用

边防文化作为中国特色社会主义文化的重要组成部分，在促进边疆地区民族和谐、社会稳定，实现富国强边战略上发挥了重要作用。边防文化既是谋求国家统一、民族团结、共同抵御外来侵略的精神支柱，也是戍边强边兴边的宝贵财富。

## （一）中国特色社会主义文化的组成部分

从文化的本质看，先进文化决定和促进着社会进步，落后文化制约和阻碍着社会进步。因而，追求先进文化，是人类一股滚滚向前的历史洪流，势不可挡，不以任何人、任何组织、任何政党的意志为转移。先进文化是人类社会发展的内在灵魂。从人类历史的发展过程来看，先进文化前进的方向事实上也就是人类社会发展的方向，不论是西方社会的发展，还是中国社会的发展，情况大都如此。在社会历史的发展进程中，先进文化为人们提供新的特定的价值观念、思想信仰、行为规范和科学知识，调节和干预人们的行为，培养人们的思想感情，丰富人们的智慧，激发人们的创造力。每一种新的社会形态在它诞生之前，就已经由支撑它的先进文化规定了方向。先进文化所蕴含的价值观念不仅是建立各种社会制度的价值源泉，而且也是新社会建立一系列道德规范的价值尺度。一种先进的文化模式通过对人的再设计和再塑造，进而对人的健康发展产生强大的导向力和内驱力。

中国特色社会主义文化，源自于中华民族五千多年文明历史所孕育的中华优秀传统文化，熔铸于党领导人民在革命、建设、改革中创造的革命文化和社会主义先进文化，植根于中国特色社会主义伟大实践。发展中国特色社会主义文化，就是以马克思主义为指导，坚守中华文化立场，立足当代中国现实，结合当今时代条件，发展面向现代化、面向世界、面向未来的，民族的科学的大众的社会主义文化，推动社会主义精神文明和物质文明协调发展。

中国特色社会主义文化具有无可比拟的优越性和先进性，是马克思主义政党精神上的旗帜，为当代中国发展和人类文明进步提供精神动力与智力支持。增强文化自信，就要大力弘扬中国特色社会主义文化，弘扬社会主义核心价值观，弘扬以爱国主义为核心的民族精神和以改革创新为核心的时代精神，不断提升国民文化意识、提升中华民族整体文化素质，汇聚实现中华民族伟大复兴中国梦的强大精神力量。社会主义核心价值观是当代中国精神的集中体现，凝结着全体人民共同的价值追求。中国特色社会主义文化是中华民族伟大复兴的强大精神支撑和民族凝聚力、向心力的重要源泉。边防稳固、边疆发展是实现中华民族伟大复兴的重要基础。边防文化始终着眼于培养人、塑造人、影响人，通过提升边防守卫力量和边疆民族群众的爱国意识和综合素质，增强守边固防、建设边疆的本领。云南边防文化的形成过程是不断吸收创造各种先进文化、淘汰落后文化的过程。一方面，由于边防活动具有军事属性，先进军事文化中关于边疆防卫和管理的内容成为云南边防文化的重要组成部分。边防官兵在长期的边防实践中形成了以老山精神为主体的爱国主义和奉献精神，创造的丰富多彩的边防军营文化，都成为云南边防文化的重要来源。另一方面，边防离不开边疆各族人民积极参与，在长期的边防实践活动中，各民族文化中的爱好和平、崇尚统一、不畏强敌、艰苦奋斗等传统精神文化也深深融入云南边防文化中,成为凝聚各族人民团结奋斗的精神旗帜。云南边防文化是云南各族人民共同的心理品质、思维品质、道德品质、意志品质的体现。可以说,中华人民共和国成立以来,云南各族人民对边防建设的支持和贡献,不断彰显和涵养着云南精神。在中国特色社会主义新时代,只有继续弘扬云南边防文化,才能不断提升文化在边防建设中的软实力作用,增强边防文化的吸引力、感召力、影响力,有效维护云南边疆民族地区的文化安全。

（二）优秀传统文化的继承创新

中国历史上的各民族、今天的各民族,共同开发了祖国的锦绣河山、广袤疆域,共同创造了悠久的中国历史、灿烂的中华文化,都对国家发展作出了不可磨灭的巨大贡献。秦汉雄风、盛唐气象、康乾盛世,是各民族共同铸就的辉煌。多民族的大一统,各民族多元一体,是老祖宗留给我们的一笔重要财富,也是我们国家的重要优势。在新的历史时期,我们要更好地发挥统一多民族这一特色、优势和有利因素,为中华民族伟大复兴贡献更多的智慧和力量。中华优秀传统文化是中华民族的精神命脉,是涵养社会主义核心价值观的重要源泉。要坚持创造性转化、创新性发展,大力实施中华民族传统文化传承发展工程,深入挖掘中华优秀传统文化蕴含的思想观念、人文精神、道德规范,结合时代要求继承创新,让中华文化展现出永久魅力和时代风采。

中华文化源远流长、博大精深,蕴涵着中国人民勇于奉献、敢于牺牲、百折不挠等崇高品质,彰显着人类优秀精神、理念和情怀的革命文化,已经成为中华民族宝贵的精神财富,也成为云南边防文化的精神根基。以天人合一的和谐精神、自强不息的进取精神、民为邦本的民本思想、止于至善的崇高追求等为重要内涵的中华优秀传统文化,经过千百年的锤炼,形成了中华民族特有的信仰追求、价值取向、高尚品格,已浸润于每个中国人心中,成为百姓日用而不觉的价值观,展示了中华民族的性格、气节和气魄,增强了中华民族的骨气和底气。革命文化是中国革命取得胜利的文化支撑和精神动力,具有鲜明的民族性、科学性、大众性,即革命文化代表着中华民族为追求独立解放、反对帝国主义侵略压迫、反对封建主义和官僚资本主义剥削、实现民族伟大复兴的正确方向;科学性,即革命文化坚持辩证唯物主义和历史唯物主义,坚持实事求是的科学精神,坚持理论与实践相结合;大众性,即革命文化代表着人民群众的根本利益与要求,既扎根于人民大众的文化实践,又发展于人民大众的文化创造活动。

云南地处祖国的西南门户,具有重要的战略地位。近代以来,随着中国逐渐沦为半殖民地半封建社会,英国、法国、日本等帝国主义国家先后对云南进行侵略和渗透。云南边防守卫力量和各族人民与帝国主义侵略势力进行了英勇顽强的斗争,在干崖、陇川、片马、班洪等地抗击英国侵略者,通过反对法国依仗滇越铁路对云南的侵略及争取矿权的斗争抗击法国侵略者,修筑滇缅公路,组织少数民族游击队在怒江地区抗击日本侵略者,显示了云南各族人民联合反抗外来侵略,维护国家领土完整的意志和决心。20世纪80年代,面对越南在边疆的挑衅,边防守卫力量和边疆各族群众进行有力还击,捍卫了国家主权和领土完整,创造了以艰苦奋斗、无私奉献为核心的"老山精神"。云南边疆民族地区边防文化注重从中华优秀传统文化中吸收养分,对其中在今天仍有借鉴价值的内容和形式加以改造,赋予其新的内涵和表达方式,增强其影响力和感召力,让边防文化基因与当代文化相适应、与现代社会相协调。云南边防文化大力弘扬革命文化,彰显时代精神,锤炼民族品格,锻造民族风骨,促进民族自新,为中华民族伟大复兴注入强大精神动力。云南边防文化正是在传统革命文化的继承创新中逐步发展起来,展现出强烈的忧患意识和为国牺牲奉献的革命英雄主义情怀,成为激励广大边防主体扎根边疆、守卫边疆、建设边疆的精神之魂。

### (三)凝聚军民力量的精神支柱

文化是一个国家和民族生存发展的根本力量。边防文化是维系国家

## 三 云南边疆民族地区边防文化的地位作用

统一和民族团结的精神纽带。边防文化在边疆民族地区传承着共同的思维方式、风俗习惯和精神遗产，进而在现有经济发展和社会进步水平的基础上，在守边固防的共同历史境遇和未来前景的基础上，形成边疆军民认同的价值取向和向心力，形成共同的理想和精神支柱。这种价值取向、向心力、共同的理想和精神支柱，有着巨大的凝聚力量、动员力量和鼓舞力量。文化与民族及其事业的兴衰成败息息相关。历史证明，一个民族的觉醒，总是起于思想文化上的觉醒；一些民族的沉沦，正是始于文化上的沉沦。中华民族数千年来历经磨难仍能团结统一、奋勇前行，这跟中华文化蕴含的伟大民族精神凝聚、砥砺、激发着中华民族有极大关系。作为中国特色社会主义文化的组成部分，云南边防文化的突出作用，就在于它能为守边卫国、发展边疆提供强大的精神动力、智力支持和思想保证。在边防实践中，边防文化充分发挥了励志铸魂、鼓劲提气、陶情育人、凝心聚力的作用，形成了文化强边、文化固边、文化兴边的良好局面。边防守卫力量面对意识形态领域斗争的严峻考验，面对多元思想文化和多种价值观念的冲击，面对"黄赌毒私特艾"的侵蚀影响，用先进边防文化占领官兵思想阵地，凝心聚力、磨砺意志、锻造品格，不断提升守边卫国的素质本领。边防守卫力量和地方政府充分发挥文化的渗透融合作用，积极引领精神文明建设、促进社会经济发展、巩固军政军民团结。云南作为一个少数民族最多的省份，迄今为止也是民族间相处最为和谐和融洽的省份，边防文化的凝聚力、向心力在促进民族团结中起着重要的作用，它不但成为了民族间和谐相处、友好共存的黏合剂，也是今天云南建设"民族团结示范区"的重要法宝之一。

建设强大稳固的现代边防，强化当代边防文化的凝聚力和向心力。边防文化是保持边疆社会稳定的无形力量，在其形成和发展过程中，大量地吸纳优秀传统文化、地域文化和边疆各民族文化，并成为边疆地区具有主导作用的文化，制约和影响边疆文化的发展。在几千年边疆建设过程中，我国各民族并肩战斗，形成了汉族和少数民族"谁也离不开谁"的血肉关系。我国以汉族为主体的各民族"大杂居、小聚居"的分布特点及边疆地区各民族交错居住的状况，决定了边防必须是军民共守的边防。在中国特色社会主义新时代，边疆建设迎来了大发展大繁荣的新局面，边防文化不断发挥融合、凝聚、向心的作用。我国各族人民共同创造了绚丽多彩的文化，各民族以其文化个性使中华文化异彩纷呈，又以其文化共性表现出中华文化的趋同性，正是不同脉系的多种文化相互交融，不断发展，才铸就了五千年中华文明的灿烂与辉煌。特别是在1840年鸦片战争之后的100多年间，中国屡遭列强侵略，亡国灭种的危机把中国各民族的命运更加紧密地联结在一起。在这生死存亡的危急关头，各民族儿女同仇敌忾、共御外侮，血与火的共同抗争让各族人民加深了福祸与共、休戚相关的思想意识，产生了守望相助、急难相扶的兄弟情谊，形成了政治上的团结一致和抵御外侮的共同行动。各族人民深刻认识到，中华民族是一个命运共同体，一荣俱荣、一损俱损；各民族只有把自己的命运和中华民族的整体命运紧紧连接在一起，才有前途，才有希望。边防文化建设与民族文化建设、提升民族精神结合起来，促进各民族文化的和谐。大力提升边防文化的凝聚力和向心力，才能超越民族、血缘、语言、习惯、地域等方面的差异，增强各民族人民的向心力，促进各民族团结进步；才能团结和凝聚各族人民的力量，锐意进取，不断激励边疆各族干部群众进一步增强爱国主义热情，自觉维护祖国统一和民族团结，维护安定团结的政治局面；才能在边疆大发展大繁荣形势下不断提升和谐边疆建设的新水平。

（四）戍边强边兴边的宝贵财富

边防文化是承载国家边防思想和边疆社会经济文化发展成果的基础平台。边稳则国安，边强则国富，这是几千年来中国边防文化发展的经验总结。纵观历史，大凡极盛极强的历史朝代，边防文化都极其辉煌。国家强大，边防稳固，边境地区军政军民团结和谐，边疆地区的社会经济文化得到极大发展，对国家民族文化的认同感进一步增强，各民族相互融合的内力就会得到极大释放。反之，将造成有国无边、有边无防的颓废局面。两种截然不同的结果，反映出边防文化的现实作用，反映出边防文化促进边疆社会稳定的不可替代性。从其历史价值看，边防文化又是反映边防的一面镜子，是悬挂于历史隧道的一口警钟，它从军事、政治、经济、民俗、宗教、文学艺术等方面为国家统一和民族团结助力，为富国强边树碑立传。

文化是一个民族凝聚力、创造力、生命力的源泉，也是一个国家综合国力和核心竞争力的基本依托。云南军民在长期生产实践、戍边御敌中产生的反映民族团结、边防建设的文化，是中华民族优秀文化和爱国主义精神的体现，是激励和鼓舞边疆军民建设边疆保卫边疆的先进文化。云南边防文化虽然建在局部，但影响全局。云南边防文化建设强调云南"边疆""民族"这个特色，坚持以部队建设和社会需求为牵引，弘扬时代主旋律为主题，以共建文化设施、共用文化资源、共享文化成果、共促文化繁荣为目标，强调构建"大边防""大文化"这个格局，是军事文化、民族文化和时代精神有机融合的产物。从建设范围看，既包含着部队、也包含着地方，既涵盖了边防、也涵盖了内地，是新形势下军地携手发展社会主义先进文化的一个全新创举。从建设效果来看，在大力发展先进军事文化的同时，注重与当地少数民族区域文化积极融合，做到了既体现军营特色，又凸显民族风情，在融合中既丰富边防文化内涵、提升官兵文化品位，又促进军民团结、民族团结，为实现富民兴滇、兴边富民作贡献。

边防文化作为维护国家统一、反对民族分裂无形且重要的力量，担当了承载边防思想、化解民族矛盾、增进民族团结、凝聚战斗力量、见证边防兴衰的历史重任。它在意识形态领域中抵御分裂思想侵蚀，在实践中指导边疆军民反对和打击分裂活动，在维护国家统一和民族团结、促进民族凝聚力形成中发挥了重要作用。在新形势下，面对复杂多变的周边环境和现实严酷的多元挑战，云南边疆军民及各民族之间的精诚团结和民族文化的相互融合显得异常重要。党和国家将发展边疆地区社会经济，改善边疆地区人民的文化生活水平，增强边疆地区的军政军民团结，作为丰富边防文化、凝聚边防精神、激发守边热情的战略工程常抓不懈，使边疆各族人民真切地感受到了党和国家的大力关怀，极大地激发了边疆军民卫国守边的热情，极大地促进了边疆各民族人民之间的团结，为实现边疆社会的和谐稳定发挥了重要作用。

# 四 加强云南边疆民族地区边防文化建设的重要意义

党的十八大以来,习近平总书记不仅提出了中国梦的重大战略思想,也从实现中国梦的战略高度对中国特色社会主义建设事业的各个方面提出了战略要求,其中包括从民族复兴的大视野推进中国特色社会主义文化的新发展,思想文化建设取得重大进展。加强党对意识形态工作的领导,党的理论创新全面推进,马克思主义在意识形态领域的指导地位更加鲜明,中国特色社会主义和中国梦深入人心,社会主义核心价值观和中华优秀传统文化广泛弘扬,群众性精神文明创建活动扎实开展。主旋律更加响亮,正能量更加强劲,文化自信得到彰显,国家文化软实力和中华文化影响力大幅提升,全党全社会思想上的团结统一更加巩固。习近平总书记特别重视弘扬边防精神,他指出,长期在边海防一线的同志们,钻密林,走大漠,巡荒原,战雪域,踏巨浪,创造了可歌可泣的英雄业绩。对这种艰苦奋斗、牺牲奉献、精忠报国的英勇精神,要结合培育和践行社会主义核心价值观,在全社会大力提倡和发扬,使之成为实现"两个一百年"奋斗目标的强大精神力量。加强云南边疆民族地区边防文化建设,让先进军事文化成为边防主体认识世界和改造世界的强大思想武器,增强边防文化在军民中的影响力和凝聚力,价值十分重大、意义极其深远。

## （一）保障边疆民族地区意识形态安全的根本途径

长期以来，国际上意识形态领域的斗争纷繁复杂，西方敌对势力一刻也没有停止对社会主义国家的攻击。作为世界上发展中的社会主义大国，我国历来是西方敌对势力进行"西化""分化"的主要对象。我国在致力于国内创新、协调、绿色、开放、共享发展的同时，积极倡导走和平发展的道路，提出并推动"一带一路"倡议，积极推动构建人类命运共同体，我国所处的国际环境得到了进一步改善。然而，在经济全球化和信息化趋势加快发展，政治经济与文化相互交融，世界范围内各种思潮相互激荡的背景下，西方敌对势力加紧了对我国实施"西化""分化"的步伐，颠覆和演变我国社会主义的企图从未改变，也从未停止，想方设法把西方资产阶级的政治观点、价值观念、消极文化等社会思潮传播到我国，对人民群众进行意识形态渗透。新形势下，西方敌对势力对我国"西化""分化"的渠道和手段也更加多样化，主要利用"人权"问题进行干扰破坏；利用民族问题加紧对我实施"分化"；利用"民运"组织，精心培植颠覆力量；利用"法轮功"等邪教组织进行恶意攻击；利用文化冲击，实施思想意识渗透，曲解、丑化、淡化我国优秀民族文化传统，妄想达到消解中华民族凝聚力的企图；利用宗教对人民大众进行渗透颠覆，对我国宗教问题进行攻击，不惜投入巨资，在我国进行非法传教活动，扶植宗教地下势力，甚至与我国国内一些分裂势力暗地勾结，打着人权的幌子，以民族问题、宗教问题为借口不断挑起事端，企图实现其"西化""分化"和弱化我国的图谋，对我国意识形态安全提出了十分严峻的挑战。

党的十九大报告指出，要坚持中国特色社会主义文化发展道路，激发全民族文化创新创造活力，建设社会主义文化强国。报告强调，要牢牢掌握意识形态工作领导权。意识形态决定文化前进方向和发展道路。必须推进马克思主义中国化时代化大众化，建设具有强大凝聚力和引领力的社会主义意识形态，使全体人民在理想信念、价值理念、道德观念上紧紧团结在一起。意识形态是人类社会发展到一定阶段特有的一种社会现象，是系统地、自觉地反映社会经济形态和政治制度的思想体系，反映一定社会阶级、集团特定的经济政治利益，具有鲜明的阶级性。意识形态包括了统治阶级对于普通民众的心理诉求，如果它反映了广大民众的根本利益，那么意识形态的力量就会转化成为有广大群众参与的物质力量，思想上的选择就变为实际的行动，从而成为推动社会发展的强大精神力量，对引导并确立社会价值取向具有非常重要的作用。每一个社会都有自己占统治地位的意识形态。正如马克思指出的那样："统治阶级的思想在每一时代都是占统治地位的思想。这就是说，一个阶级是社会上占统治地位的物质力量，同时也是社会上占统治地位的精神力量。"[1]

当前，我国社会正处在大发展大变革的时代，国际国内形势发生了深刻变化，意识形态领域的斗争尖锐复杂，在这种形势下不断发展社会主义先进文化，用边防文化占领边疆地区文化阵地，对于牢牢掌握意识形态斗争的主动权，增强先进文化的吸引力和凝聚力，巩固和加深边疆各族人民团结的思想基础，应对各种困难、风险和挑战，以及推动云南边疆民族地区实现跨越式发展，都具有十分重要的现实意义。

意识形态具有明确的价值导向作用。一定的意识形态都是某一阶级或群体根本利益的体现，都有一定的利益指向，规定了其对应的利益群体社会活动的价值导向。占统治地位的意识形态为社会成员提供了一套认识世界的价值体系，提出人们需要共同遵守的价值准则，指导人们认识现实社会中存在的经济、政治、社会、文化关系。意识形态安全主要针对的是主流意识形态安全而言，是指一个国家主流意识形态地位不受威胁而保持相对稳定的状态，保持主流意识形态在政治制度和国家政权、文化、价值观念和生活方式等方面的主导性。

云南边疆民族地区面对西方敌对势力的种种图谋和意识形态安全的挑战，应对的关键在于积极推进中国特色社会主义文化建设，特别是要

---

[1] 马克思恩格斯文集（第1卷）[M].北京:人民出版社,2009:550.

在边疆地区创新发展边防文化，用先进文化占领意识形态高地，高扬强边固防的优良传统，弘扬主旋律，传播正能量，让边防文化深入基层，深入大众，深入人心。意识形态工作是我们党的一项极其重要的工作。加强云南边疆民族地区边防文化建设，就是要巩固和壮大先进文化的主流意识形态地位，增强社会主义先进文化吸引力和感染力，让边疆地区军民对边防文化产生共鸣，激发社会团结奋进的强大精神力量，从而夯实文化育人、文化强边的实践基础。

云南边疆民族地区边防文化建设关系着边疆地区政治信仰的安全。云南边疆民族地区边防文化建设的过程，就是推动边疆地区人民群众从情感上认知认同马克思主义和中国特色社会主义文化，坚定文化自信的实践过程。只有如此，边疆地区人民大众才能实现对中国特色社会主义文化的高度认同。中国特色社会主义建设需要有高度的政治信仰和政治觉悟，政治信仰关系到政权的稳定存续，这是一个国家发展的强大推动力。只有人民大众充分认同和肯定中国特色社会主义文化，才能统一思想，凝聚共识，边疆军民才会增加相互理解、信任和合作，才能巩固边疆政治、经济、社会和生态文明建设基础。

云南边疆民族地区边防文化建设关系着民族精神的传承和弘扬。社会意识形态不仅是一种政治统治思想，更是现代国家之魂——民族精神的直接体现。民族精神是一个民族在漫长的发展历程中孕育而成的民族品格，是民族生活习俗、历史文化、哲学思想、血统亲情等熏陶、融汇而成的存在于内心的文化涵养、道德风尚和思想观念。民族精神呈现的是一个民族奋发有为、自强不息、团结进步的品质和面貌。中华民族精神是激励各民族紧密团结，共同奋斗，发展繁荣的强大思想基础，起着支撑人们的理想信念，推动奋勇前进的重要作用。实际上，不同地域的民族精神本身就是一种独具特色的意识形态，边疆地区各民族涵养的民族精神，是边疆地区各民族不断传承和弘扬自己独特文化和文明的共同思想基础。意识形态的普遍性要求当前我国意识形态建设，应当涵盖作为民族文化精髓的民族精神，把民族精神的弘扬融入意识形态建设，有利于主流意识形态与地方民族精神强大社会合力的形成。可以说，云南边疆地区边防文化，是有效应对当前边疆地区各民族精神受到周边各种社会思潮冲击的重要途径，有利于维护边疆地区的意识形态安全，有利于边疆地区治理。

云南边疆民族地区边防文化建设，是对边疆地区人民大众意识形态变迁的外在要求。意识形态的形成过程受各种因素的影响和制约。云南边疆地区地缘政治、经济和文化的独特性都将影响人们的道德观念和思想意识，如何在云南边疆地区人民群众固有的意识形态中将中国特色社会主义文化内化，需要充分考虑各种因素。具体地说，在宏观上就是要发挥先进文化的精神动力和智力支撑作用，更加全面客观地认识当代中国、看待外部世界，办好我们自己的事情；在微观上就是要大力加强云南边疆地区先进文化建设，提高边疆地区"软实力"，同时要妥善处理好各种社会矛盾和民族宗教问题，增强民族和睦、宗教和顺、社会和谐的力量。这是防止和抵御敌对势力"西化""分化"和弱化社会主义的图谋，确保我国意识形态安全的根本之策。

云南边疆民族地区边防文化建设的根本目的，在于进一步巩固中国特色社会主义文化在民族地区意识形态领域的主体地位。云南边疆民族地区各族群众能否自觉认同和接受社会主义先进文化，是边防文化建设的首要任务。从过去发生的西藏3·14事件、新疆7·5事件和昆明发生3·01暴恐事件更凸显了这一问题的重要性。在社会主义国家，意识形态领域社会主义先进文化不去占领，就会有各种腐朽的、没落的文化去占领，并进而导致若干消极的连锁反应，苏联解体、东欧剧变即为明证。改革开放以来，我国经济持续增长，特别是在席卷全球的金融危机影响下，我国经济仍逆势增长，保持了较高的经济增长率，这是一些西方发达国家不愿看到的。因而，一些西方敌对势力在国际社会上大搞"中国威胁论"，无孔不入地打着"民族""宗教""人权"等幌子，不断对我国进行"西化""分化"，尤其是其不断利用民族问题对我国进行分裂活动。这就决定了渗透与反渗透、颠覆与反颠覆的斗争将是长期的、复杂的，甚至是很激烈的。

在云南漫长的边界线上，各民族人口众多，而且跨境民族之间存在着千丝万缕的关联。云南边疆民族地区又是"云南主动服务和融入国家发展战略，闯出一条跨越式发展的路子来，努力成为我国民族团结进步示范区、生态文明建设排头兵、面向南亚东南亚辐射中心，谱写好中国梦的云南篇章"的最前沿阵地。新时代新使命要求我们认真研究云南边疆民族地区民族心理特点、风俗习惯、道德风尚、行为方式和思想特点，与全省各族人民一道，奋发作为，在新的起点上闯出一条跨越式发展的路子来，这就离不开在云南边疆民族地区边防文化建设的支撑。

（二）维护民族团结和社会和谐稳定的客观需要

民族团结是我国各族人民的生命线。毛泽东同志曾经指出："认清中国的国情，乃是认清一切革命问题的基本依据。"我国是统一的多民族国家，这一基本国情决定了民族问题始终是我们建设中国特色社会主义必须处理好的一个重大问题，决定了民族工作始终是关系党和人民事业发展全局的一项重大工作。对于我们这样一个统一的多民族国家，民族团结就像阳光、空气和水，受益而不觉，失之则难存。国家统一、民族团结，则政通人和、百业兴旺；国家分裂、民族纷争，则丧权辱国、人民遭殃。各民族团结和民族地区社会和谐稳定事关民族地区又好又快发展，事关各民族人民群众福祉，事关我国改革开放和社会主义现代化建设全局。我国边疆民族地区差异性的存在，必然要求在各民族发展过程中高度重视和维护各民族大团结，才能产生强大的民族凝聚力。民族团结就是各民族之间平等相待，互相尊重，和睦相处，互助合作，共同致力于发展经济和各项社会事业。我国民族团结是马克思主义民族理论与中国民族情况、中国革命建设改革实践相结合的产物，是马克思主义民族理论中国化发展创新的重要成果，这一成果的实践成为构建中国特色社会主义民族关系的社会基础之一。坚持民族团结是马克思主义民族理论的基本原则，也是我们党关于民族问题的基本观点和民族政策的重要内容。民族团结思想和原则是贯通马克思列宁主义、毛泽东思想、中国特色社会主义理论体系关于民族问题思想的一条红线，是我国推进民族团结事业，做好民族工作的理论依据。

民族团结与社会和谐稳定是分不开的。民族团结关乎国家社会稳定，从而关乎各族人民的安身立命。任何一个国家，如果没有社会的安定团结，什么事情都办不成，经济建设和社会发展更无从谈起。新中国成立后，把民族平等作为立国的根本原则之一，各民族共同当家作主，反对任何民族压迫和歧视，确立和巩固社会主义新型民族关系，确保了国家大局稳定。虽然我们在前进过程中也遇到不少困难和风险，有来自国内的也有来自国外的，但我们都顶住了，其中很重要的一个原因，就是我国56个民族始终同心同德、紧密团结。这与冷战结束之后，世界上不少国家由于陷入民族纷争，最终导致国家分裂、社会动荡、人民流离失所的现象形成了鲜明的对比。民族团结是社会和谐稳定的条件和基础，社会和谐稳定是民族团结的具体实践和生动体现。当前，我国边疆民族地区的社会稳定面临多重考验。美国9·11事件发生后，西方敌对势力极力干涉我国民族问题，他们与民族分裂势力同流合污，利用国内各地区之间的经济发展不平衡等问题威胁边疆稳定。由于地缘政治的敏感性，边疆民族地区的社会问题很容易受到霸权主义和强权政治等国际因素的影响，国外敌对势力常常打着"人权"和"自由"的旗号，在我国民族问题上大做文章，并与国内反动势力勾结起来，相互呼应，联合干涉我国边疆民族问题，对我国民族关系的健康发展和边疆社会稳定产生很大的挑战。进入21世纪以来，国际敌对势力一直试图利用我国社会和经济发展中存在的暂时性和局部性问题，恶意指责，大肆渲染，混淆视听，企图将西方政治、经济、文化背景下的资产阶级人权观念和社会意识形态全面强加于我国，并借此制造各种障碍和矛盾来影响我国在国际社会的正常活动，挤压我国战略安全空间，甚至采取直接的政治、经济、文化或暴力手段直接遏制我国边疆民族地区经济社会发展。

"社会稳定是一个多维度的结构系统，包括政治稳定、经济稳定、思想意识形态稳定与国际环境稳定,并呈动态非均衡分布。边疆民族地区稳定状态的影响因素,除了社会利益变化之外,还有民族问题和宗教问题,又面临着境外因素的影响,加剧了边疆民族地区利益关系的复杂化,对边疆民族地区社会稳定造成了一定的影响。"[1]从本质上讲,造成边疆民族地区社会不稳定的一个重要原因在于边疆民族地区文化发展的不平衡,特别是边防文化的作用没有得到完全发挥,也未能将其转化为核心价值观来抵御各种不稳定的因素和做出违背社会发展的行为。唯物史观的社会稳定思想认为:"社会稳定问题的根源在于人类社会的存在和发展是否遵循社会历史发展的基本规律,即具体社会制度内生产关系与生产力、上层建筑与经济基础是否相适合以及适合的程度。"[2]在边疆民族地区社会的不稳定因素中,既涉及了影响经济发展的生产力欠发达的因素,也包括了影响整体上层建筑发展的民族传统生产关系和文化习俗。因此,要从根本上克服这些不利因素,只有大力发展边防文化,才能继续维护边疆民族地区已有的社会稳定,将那些不稳定的社会环境化险为夷,以及制约那些潜在的不稳定的因素。然而,维护边疆社会稳定是一个长期的过程,需要各民族的力量汇集才能得以全面实施各项政策,也只有在思想上有社会主义先进文化武装,才能坚定维护社会和谐稳定与实现民族关系和睦发展。要做到以上这些,必然要在边疆民族地区进一步推动边防文化的发展,让边防文化中的民族团结文化引领各族群众的思想行为。

民族团结关系到中华民族的生死存亡,关系到国家的安危和各族人民的根本利益。民族团结关乎国家长治久安,从而关乎各族人民的生命安全。从人类历史上看,迄今为止发生的流血冲突乃至战争,相当大的部分都是民族问题引发或者与民族问题有直接的密切联系。由于民族矛盾、种族冲突、部族纷争带来大规模伤亡的案例很多,其中1994年卢

---

[1] 李育全.边疆民族地区社会稳定的影响因素分析[J].黑龙江民族丛刊,2010(1).

[2] 林辉基.马克思主义创始人社会稳定思想探微[J].中共云南省委党校学报,2006(11).

## 四 加强云南边疆民族地区边防文化建设的重要意义

旺达种族大屠杀被称为二战后最大的种族屠杀事件,短短100多天杀死了100多万人,而其全国人口才750万人。在近代历史中,我们国家遭受了国破家亡的屈辱,毛泽东同志指出,帝国主义之所以敢欺负我们,就是因为我们各民族不团结。新中国的成立,彻底结束了旧中国一盘散沙的局面,实现了国家的高度统一和各民族的空前团结,这是我国各族人民共享太平的重要保障。没有民族团结,就没有社会的稳定;没有民族团结,就没有经济的发展,全面建成小康社会就没有基础;没有民族团结,构建社会主义和谐社会就无从谈起。党的十八大以来,以习近平同志为核心的党中央从实现中华民族伟大复兴中国梦的战略高度指出:"只有社会和谐稳定,国家才能长治久安,人民才能安居乐业。人民群众企盼生活幸福,但幸福生活首先必须保证社会和谐稳定。无论是改革还是发展,都需要和谐稳定的社会环境来保证,没有和谐稳定的社会环境,改革不可能深化,发展更无从谈起。"①习近平总书记强调:"必须坚定不移巩固和发展民族团结,全面贯彻党的民族宗教政策,深入开展民族团结教育,推动各民族和睦相处、和衷共济、和谐发展。"②党的十九大报告指出:"深化民族团结进步教育,铸牢中华民族共同体意识,加强各民族交往交流交融,促进各民族像石榴籽一样紧紧抱在一起,共同团结奋斗、共同繁荣发展。"因此,加强云南边疆民族地区边防文化建设,必然有利于新时期云南和全国民族团结进步局面的进一步巩固和发展。在一定意义上说,推进边防文化建设,就是要把云南边疆地区各民族团结友好和睦相处的良好局面和发展繁荣的精神传递到各民族群众之中,进而更进一步实践新时期的民族团结进步的要求。

云南边疆地区民族人口众多,面临着贫困人口比重高、宗教信仰普遍、较高生育率、出生缺陷率高、文化素质相对较低、边疆地区受毒品、艾滋病危害严重等问题,同时由于云南边疆地区地理环境恶劣,

---

① 习近平.之江新语[M].杭州:浙江人民出版社,2013:52.
② 习近平.在参加十二届人大一次会议西藏代表团审议时的讲话[N].人民日报,2013-3-9.

交通不便，信息闭塞，基础设施薄弱，生存环境差，生态环境承载能力差，是典型的山区、民族、边疆、贫困区域。在云南边疆地区各种问题交织在一起，以民族性表现出来。云南边疆地区问题的民族性是针对非云南边疆地区而言的，即民族性也就成为边疆地区在云南和全国的特殊性，从宏观角度来看正是这种先天的特殊性决定了实现云南跨越式发展，必须重点审视云南边疆地区民族团结和社会和谐稳定这一社会特征。就具体情况而言，一方面在国家视野下，民族平等、团结和睦、共同发展是社会主义建设道路中体现民族性的重要国策；另一方面各民族在其发展进步过程中，原本就存在着一个民族认同的问题，加之国家对各民族的重视以及各种民族政策强化了民族性的存在。就边疆地区各民族形成历程而言，云南边疆地区的民族团结是由民族社会与国家力量共同建构的。因此，针对云南边疆地区的民族特点，在推进边防文化建设中，应从两个视角着力，切不可一味强调国家层面上的民族性，而忽略边疆地区民族的基本特点。云南边疆地区推进边防文化建设的目标之一，就是要立足地区特点用马克思主义的民族观来指导民族团结的实践。

　　云南边疆地区经济社会发展是云南边疆地区同步全面建成小康社会的基础所在。改革开放以来特别是在"四个全面"战略布局指引下，云南采取了很多推动边疆地区经济社会发展的政策措施，其中通过扶贫开发，边疆地区经济社会发展状况有了很好的改善。但由于地区贫困面积大、贫困程度深、扶贫开发工作难的问题仍然存在，加上经验不足，宏观调控不够到位等诸多因素影响，致使该地区经济社会发展过程中出现的众多问题还没有得到根本解决。面对不断变化的世界形势和国内全面深化改革实践不断深入的新局面，云南边疆地区人民大众的思想呈现出更加多元开放的状况，各种新观点、新情况、新问题在边疆地区层出不穷，加之各民族之间风俗习惯、文化、宗教信仰、民族心理、区域环境方面的差异，这些都需要先进文化去阐释，因而内在的要求必须加强社会主义先进文化建设，用中国特色社会主义理论体系武装人民大众，增强民族凝聚力，把思想和行动统一到发展中国特色社会主义事业上来。综上所述，边疆地区边防文化建设，不仅是站在中国特色社会主义文化建设全局下的理论实现和发展的一种诉求，更是解决边疆地区现实问题和继续发展的根本需要。针对云南边疆地区的特殊性，增强边疆地区各民族国家认同、民族认同、核心价值观认同是边防文化建设的价值追求。

云南边疆地区所存在的问题和发展状况都符合人民大众实际，有利于进一步完善和有效落实民族政策。中国特色社会主义伟大事业是各族人民共同的事业。在云南边疆地区，只有各族人民同心同德、和睦共处、团结奋斗，把积极性、主动性、创造性激发出来，汇聚成民族伟力，才能夺取同步全面建成小康社会的新胜利，谱写好中国梦的云南篇章，从而为实现中华民族伟大复兴的中国梦作出贡献。云南边疆民族地区贯彻落实党的民族政策，构建民族团结、社会和谐稳定的良好局面，内在要求推进边防文化建设，形成文化育人、文化强边的局面。

（三）抵御境外社会思潮影响的有力武器

云南边疆民族地区边防文化建设，不仅有利于维护国家安全、边防巩固、民族团结的大局，有利于促进国家沿边对外开放战略，有利于树立大国形象，提升中国对南亚东南亚的国际影响，特别是能够发挥面向周边地区的意识形态辐射作用，从而有效抵御境外各种社会思潮的影响。

边疆民族地区是中国的"边缘之地"。在现代社会中，其边缘并非体现在生活在其中的人们的国家权利与义务，而是体现在国家策略上。《辞源》中边疆被解释为"边疆之地"，《现代汉语词典》中译为"靠近国界的领土"。从地理位置来说，边疆民族地区是体现中国地缘政治的重要区域。中国陆地边疆区域辽阔，东面同中国相邻的国家有朝鲜；北面有俄罗斯；西北面有哈萨克斯坦、吉尔吉斯斯坦、塔吉克斯坦；西面有阿富汗、巴基斯坦；西南面同中国相邻的国家有印度、尼泊尔、不丹；南面有缅甸、老挝、越南。在国际政治和国际关系视野中，边疆地区的稳定和发展是中国在全球范围内拥有和平地缘政治环境的基础。根据不同国家的相邻现状，我国的地缘政治环境可分为北部、西部、南部等不同的环境状况，不同区域有着不同的特征。以西南为例，我国面对的是南亚地区，有着中印巴冲突、西藏等问题，特别是西藏问题受印度地缘战略思想和实践的影响。除此，边界领土的纠纷也突出地表现了地缘政治。

地缘政治空间中包含着的各种传统与非传统的安全威胁同样在边疆民族地区有所体现。基于地缘学的分类，地缘经济与地缘文化都可视为非传统安全威胁的重要方面。与非边疆地区比较，边疆民族地区的经济发展程度相对较低，且具有一定的脆弱性，其源于受自然环境影响下的经济结构的可持续发展程度低。但以西南边疆民族地区为例，其经济发展水平远远高于毗邻国边疆地区的经济水平，在这一情况下，区域间合作情况较多，因经济而产生的人口、资源、社会、文化等的流动非常突出，也就有着某些潜在的安全威胁。地缘文化包括除了可以指地域文化外，还包括就我国边疆民族地区而言的民族文化特别是跨境民族文化。在内容方面，地缘文化也包括了政治、经济、社会、宗教等多样的文化。"民族"与"文化"这两个定语来表现的中国边疆民族地区地缘文化就显得更加的复杂。以跨境民族为例，族源与亲缘关系在历史发展过程中并未消亡，而是促成更加坚固的民族认同感，这样的认同促进了现代跨境民族在边疆地区的流动。民族的流动，是文化的流动，不同公民身份的同一族群在不断交往中，也使得边疆民族地区的地缘文化表现出跨境的流动性。

国家安全是指一个国家在面对各种正在或可能给国家重大利益造成影响的威胁时，所具有的维护和获取国家重大利益的态势和能力。这种态势和能力的范畴包括政治、经济、文化、军事等多个层面。在不同的历史时期，围绕国家利益侧重点的不同，这些安全层面的重要性也随之产生变化。在后冷战时期，随着国际政治经济形势的重大变化，国家安全追求的目标已由军事安全转向整体安全。党的十九大报告指出，坚持总体国家安全观。统筹发展和安全，增强忧患意识，做到居安思危，是我们党治国理政的一个重大原则。必须坚持国家利益至上，以人民安全为宗旨，以政治安全为根本，统筹外部安全和内部安全、国土安全和国民安全、传统安全和非传统安全、自身安全和共同安全，完善国家安全制度体系，加强国家安全能力建设，坚决维护国家主权、安全、发展利益。应该强调的是，意识形态是国家上层建筑的核心组成部分，在国家政治体制中起着至关重要的决定作用，是维护民族利益、保证国家安全、维护国家整体利益的一道重要防线。只有意识形态的安全，才能为国家经济建设和社会发展提供安定有序的政治保障和精神动力。作为更深层次的安全范畴，意识形态安全是维系国家安全的重要支撑点，为整个国家安全体系提供理论指导、精神引领和价值支撑的重要作用。在经济全球化迅速发展的形势下，一个国家的意识形态安全问题解决得好坏，直接关系到能否顺利推动经济社会快速发展和促进综合国力的显著提升。

从国际政治和国际关系形势来看，由于我国面临着世界上最为复杂的边疆地理环境，不仅周边国家众多、情况千差万别，既存在诸如朝鲜半岛核危机及其北方四岛归属问题，中亚各国的政治动荡、阿富汗伊朗恐怖威胁、克什米尔及其印巴分治问题等多处热点地区影响，也存在毒品产地、恐怖主义活动、猖獗的海盗活动等多种非传统安全威胁的源头，还存在大陆与台湾香港澳门等一个国家基础上的国内特殊问题；而且边疆及周边地区民族宗教等人文环境极端复杂，例如135个陆地边疆县（旗）中的107个属于民族自治地区，居住着朝鲜、蒙古、维吾尔等超过40个民族，与邻国同一民族跨境而居，各种宗教种类齐全，相互交错。因此，威胁我国边界及其边疆地区安全稳定发展的因素很多，既有边界争端军事入侵国家统一等传统的因素，还有跨境民族问题、宗教渗透问题、跨境贩毒、非法移民、走私和海盗等跨境犯罪问题，跨境生态和资源利用问题以及三股势力等非传统因素。从发展趋势上看，传统因素的安全威胁在下降，而非传统因素的安全威胁在上升，并逐渐成为影响我国边界及其边疆地区安全稳定发展的主要威胁。

云南边疆地区各种矛盾十分复杂，影响了云南边疆民族地区经济社会发展。过去，由于历代统治者和旧政府推行民族歧视、民族压迫和民族剥削政策，使民族关系在边疆地区紧张，导致汉族和各少数民族之间产生了隔阂，引发了各民族之间的互相歧视，不能和睦相处、共同团结进步的状况，少数民族陷入政治上毫无地位、经济上被残酷剥削的境地，受尽历代统治阶级压迫和民族歧视，整个民族始终过着远离人群、躲避深山、居无定所、宿无房舍的游猎生活。鉴于此，在新中国成立之后，中国共产党领导人民大众大力疏通民族关系，解决民族矛盾，团结包括各民族群众在内的一切可以团结的社会力量。如今，虽然在云南乃至全国边疆地区，各民族经济社会发展仍然存在一定差距，但就整体而言，发展成就令各民族群众感到十分满意。

习近平总书记在参加十二届全国人大一次会议西藏代表团审议时明确提出了"治国必治边"的重要战略思想。边稳则国泰，边兴则国盛。加强与边疆各相邻国家的友好关系，才能为中国特色社会主义事业发展提供更好的机遇以及巨大潜力。党的十九大报告强调：牢牢掌握意识形态工作领导权。意识形态决定文化前进方向和发展道路。必须推进马克思主义中国化时代化大众化，建设具有强大凝聚力和引领力的社会主义意识形态，使全体人民在理想信念、价值理念、道德观念上紧紧团结在一起。这样既能强化我国主流意识形态的内在凝聚力，又能发挥我国主流意识形态面向周边辐射的影响作用。

综上所述，切实改变以上这些威胁边疆民族地区社会的不稳定因素，必须在加强经济建设、促进民族地区社会发展进步的同时，把文化安全放在更加突出位置，构建适合云南边疆地区经济社会发展特点的边防文化体系，结合云南边疆地区实际融合优秀传统文化、民族文化、军事文化，在多元中坚持主导，在多样中谋共识，在最大限度扩大共识上取得最佳社会效果，使人民大众在文化建设中增强获得感，让社会主义先进文化牢牢占领云南边疆地区意识形态领域的主战场。

# 五 云南边疆民族地区边防文化建设面临的挑战

在中国特色社会主义新时代，云南边疆民族地区边防文化建设既面临前所未有的机遇，也面临着诸多挑战。云南边疆民族地区边防文化建设是一个不断发展的历史过程，随着中国特色社会主义文化的发展，随着边疆民族地区经济社会发展，人民群众对文化的需求也不断提升；在新的历史时期，云南边疆民族地区要真正把握和用好战略机遇，有效应对各种风险和挑战，进一步推动边防文化发展，谱写好中国特色社会主义伟大事业的云南边疆民族地区文化新篇章。

（一）全球化带来的挑战

全球化是人类社会经济发展的必然趋势。我国作为最大的发展中国家，要实现本国经济的发展决不能孤立于世界之外，相反应当积极融入世界的竞争之中，充分把握经济全球化所带来的一系列有利条件和机遇。在达沃斯举行的世界经济论坛年会被誉为"世界经济的风向标"。在人们普遍对世界经济发展前景感到迷茫，反经济全球化思潮、保护主义明显上升的背景下，我们该怎么办？在疑虑与喧嚣声中，全球目光聚焦于中国。2017年1月17日，习近平在瑞士达沃斯世界经济论坛开幕式上指出:"经济全球化曾经被人们视为阿里巴巴的山洞,现在又被不少人看作潘多拉的盒子。世界经济的大海,你要还是不要,都在那儿,是回避不了的。搞保护主义如同把自己关入黑屋子,看似躲过了风吹雨打,但也隔绝了阳光和空气。"当然,我们还要清醒认识到伴随经济全球化而来的各种风险和挑战,坚持独立自主,保持警惕,不断增强抵御风险和化解危机的能力,掌控好经济全球化这把双刃剑。

云南边疆民族地区边防文化建设,在全球化的现代性语境下,获得了有利的外部环境。要抓住这个大好时机,在经济全球化的大潮中找准时机,利用自身得天独厚的区位优势,实现自身的跨越式发展。在一定程度上,全球化是对民族性的超越和挑战,这种挑战是多方面的,例如对民族教育、民族精神、民族文化、社会道德、价值观念的挑战都是巨大的。正是这一轮新的挑战要求我们必须大力推进边防文化建设,在文化观上用先进文化抵御各种风险和挑战,在方法论上既要从民族的角度进行思考,也要学会从全球的角度进行分析;既要进行纵向思维,在发展中传承历史经验,也要注重横向思维,在借鉴中汲取他人之长。

在经济全球化的进程中,云南不仅要积极融入到全球化的发展潮流中去,学习借鉴其他国家有益的发展经验,而且要在云南与外界的相互比较中,更进一步认清自身的发展优势,强化各少数民族同胞对于中华民族这个大家庭的认同感。"我国社会主义意识形态,形成于具有中国特色的经济制度和政治制度之上,体现着鲜明的民族特色和深厚的思想根基,蕴含着传统文化中整体主义的价值观,在世界舞台上,不仅有自己应有的位置,而且显示出巨大的凝聚力和生命力。"[1]与西方国家一直宣扬的核心价值观念相比,"社会主义意识形态中和谐统一的世界观、集体主义价值观、平等互助的民族观、为民谋利的群众观、全面协调可持续的科学发展观等核心价值理念已经越来越多地得到世界各国的关注与借鉴,越来越广泛地得到世界各民族和有识之士的认同与

---

[1] 郑永廷.社会主义意识形态发展研究[M].北京:人民出版社,2003:216.

赞赏"。①

随着国际间联系的日益紧密,全球化已成为不可逆转的总趋势,任何一个国家或民族都不可能在全球化的大潮之下"独善其身",全球化主要是指经济全球化。福山把当下的时代称为"全球化时代",并且指出:"从许多意义上讲,同任何政治字样相比,全球化时代都是一个准确得多的标识。"②西方发达国家希望通过经济全球化实现资本主义世界范围内的统一,这无形中把发展中国家的经济主权和国家安全推到了历史的风口浪尖。全球化已成为当今不可逆转的必然趋势。2015年习近平在联合国发展峰会上指出:"在经济全球化时代,各国要打开大门搞建设,促进生产要素在全球范围更加自由便捷地流动。各国要共同维护多边贸易体制,构建开放型经济,实现共商、共建、共享。要尊重彼此的发展选择,相互借鉴发展经验,让不同发展道路交汇在成功的彼岸,让发展成果为各国人民共享。"③

云南边疆民族地区作为我省沿边开放的主战场,推进边防文化建设必然要回应全球化带来的诸多新挑战。

第一,全球化模糊了云南边疆民族地区人民大众传统的民族意识和国家意识。云南边疆民族地区边防文化建设是建立在边疆地区人民群众的民族认同与国家认同的情感基础之上,"面对世界范围内的生产全球化、贸易全球化以及金融全球化的大趋势,在信息网络及开放的市场竞争的推波助澜之下,现代经济的各要素正在逐渐冲破民族国家的壁垒,只自由地在全球范围内流动"。④在这样的大背景下,民族的疆域界和民族文化的边界日益模糊。阿里夫·德里克指出,全球化作为一种话语似乎变得越来越普遍,但是对他最热情的宣传是来自旧的权力中心,尤

---

① 周中之.马克思主义大众化发微[M].上海:上海三联书店,2013:88.
② 中国现代国际关系研究所.全球化:时代的标识[M].北京:中国时事出版社,2003:2.
③ 习近平.在联合国发展峰会上的讲话[N].人民日报,2015-9-27.
④ 周中之.马克思主义大众化发微[M].上海:上海三联书店,2013:88.

其是来自美国,因而实际上更加剧了霸权企图的怀疑,经济和政治权利也许比早先更具有消解中心的色彩。"如果不考虑到资本主义在全球范围内的胜利,就无法理解全球化,文化冲突比以前更明显地体现在一种意识形态和机构的领域里,而这恰恰是欧洲中心主义的现代化的一个产物。"①"一些人由于对本国历史发展过程,以及当今世界发展过程缺乏全面的、完整的认识,由于对经济全球化的实质缺乏准确的判断,对各个民族国家经济发展呈现不平衡状态的根源缺乏真正的认识,可能会倾向于把现有的经济差距作为价值判断的唯一标准,进而忽视其他因素对国家以及社会的影响,对资本主义表现出来的崇拜和向往,对自己的民族和国家缺乏认同与归属感,对社会会产生怀疑和拒斥"②。作为西南边疆大省,云南对我国西南地区乃至国家安全有着十分重要的战略意义。在文化安全上,作为边疆多民族省份,云南同样具有举足轻重的作用,如果云南边疆地区广大人民群众的民族意识和国家意识一旦弱化,那么不仅会造成社会主义主流文化在云南边疆民族地区基础的动摇,同时也对社会的和谐稳定和发展构成威胁。

第二,全球化弱化了云南边疆民族地区人民大众对中国特色社会主义文化的认同感。资本主义世界通过经济全球化来实现其扩张目的,资本主义的扩张不仅仅体现为国家之间的经济往来,更重要的是体现为思想和意识形态的渗透。一些西方国家凭借他们发达的经济水平,强势的文化力量、先进的传播方式、多样化的手段、多层次的信息渠道,使资本主义意识形态和价值观念对我国的渗透与影响更加有力、持久、全面。美国中情局针对我国青年意识形态和价值观渗透,制定了一项"十条戒令"的计划。"尽量用物质来引诱和败坏他们的青年,鼓励他们藐视、鄙视、进一步公开反对他们原来所受到的思想教育,特别是共产主义教条;一定能够要尽一切可能做好传播工作,包括电影、书籍、电

---

① 王宁,薛晓源.全球化与后殖民批判[M].北京:中央编译出版社,1998:2-3.
② 周中之.马克思主义大众化发微[M].上海:上海三联书店,2013:88.

视、无线电等和新的宗教传播。"①在全球化背景下，美国这样的行动计划，无疑会影响到边疆民族地区边防文化建设的进程，削弱已经建构起来的大众对中国特色社会主义文化的认同感。

第三，全球化影响了云南边疆民族地区人民群众对自由、民主、平等、人权、博爱等价值观念的正确判断。西方资本主义国家立足于自身的意识形态和国家利益，从未认同也不会认同中国的社会主义制度，并且还在世界舞台上多次强调他们炮制的"中国威胁论"，把中国的成功直接看作对西方国家的威胁。"为了应对日益强大的中国带来的威胁，西方国家依托经济全球化进程，向中国宣扬和渗透自由、民主、平等、人权等所谓的'普世价值'。'普世价值'将自由、民主、平等、人权、博爱等概念进行了完美的包装，但本质上却是在掩盖民族阶级性质的基础上为资本主义辩护，是资本主义国家向外输出自身价值观和社会制度的一种策略，带有鲜明的政治指向性。"②不少中国人的确陷入了所谓的普世价值论这个迷宫，尤其是青少年一代，普世价值论不仅削弱了他们对当代马克思主义的认同，甚至推动着他们的思想观念逐渐背离主流意识形态。人们之所以被"普世价值"所迷惑，是因为只看到了自由、民主、人权、博爱等是所谓的人类共同追求的价值理念，却没有意识到由于社会经济基础不同、社会角色不同，对自由、民主、人权、博爱的理解和要求也会不同；在不同的国家，自由、民主、人权、博爱的实现途径和表现形式也不会相同。因此，无法以同样的标准去衡量不同国家的自由、民主、人权、博爱等价值实现进程，也无法衡量西方国家宣扬的所谓的"普世价值"。

（二）经济社会发展滞后的挑战

云南是我国民族成分最多、跨境民族最多、特有民族最多、人口较

---

① 石国亮.青年国际政治研究的新范式[M].北京:人民出版社,2007:198-199.
② 周中之.马克思主义大众化发微[M].上海:上海三联书店,2013:90.

少民族最多、实行区域自治民族最多的省份。同时，又是集边疆、山区、民族众多和贫困"四位一体"的省份。云南边疆民族地区经济社会能否全面发展是影响云南乃至整个西南地区发展的重要因素。在云南南部和西南边疆地区，地势缓和，山势较矮，宽谷盆地也较多，一般海拔在800—1000米左右，个别地区下降到500米以下[①]。根据各地方自然环境的差异，云南边疆地带由北至南依次被划分为高寒山区、山区、半山区和坝区四种类型。高寒山区包括贡山县和福贡县；山区包括泸水市、腾冲市、盈江县、陇川县、芒市、龙陵县、镇康县、耿马县、沧源县、西盟县、孟连县和澜沧县；半山区包括瑞丽市、勐海县、景洪市、江城县、金平县、绿春县、马关县、麻栗坡县；坝区包括勐腊县、河口县和富宁县。复杂的地形环境，成为制约云南边疆民族地区交通发展的重要因素，例如西部边疆地区系横断山脉纵谷区，贡山、怒山、云岭和怒江、澜沧江、金沙江自北向南相见排列，形成了高山峡谷相间的险峻地势。云南边疆民族地区自然环境恶劣、交通不便、信息闭塞、基础设施薄弱、跨境而居等不利因素，直接影响了经济社会发展。

一是边疆地区产业结构不合理导致经济增长后劲不足。在经济稳步发展的背景下，最为理想的经济发展方式是第三产业大于第二、第一产业。这样的产业结构能够最大限度推动经济飞跃性增长。而云南边疆民族地区的产业结构是第二产业所占比重最大，其次是第三产业，再次是第一产业，整体产业结构处在有待优化的过渡期。这样的产业结构中存在很多不利因素，从就业来讲，二、三、一的产业结构模式对劳动者科学文化素质要求较高，而在云南边疆民族地区，人民群众的文化教育素质普遍较低，达不到社会发展所需要的人才标准，这样就造成了大量劳动力的闲置。从提高人民生活水平来说，社会产业结构不合理，经济发展就快不起来，增加财产收入的渠道也会被禁锢在狭小的范围内，不利于人民生活水平的提高。如果社会成员的物质需要长期得不到满足，势

---

① 云南省统计局.2013云南领导干部手册[M].昆明:云南人民出版社,2013:34.

必会引发仇富、敌视社会的病态心理，不利于社会的和谐稳定。就社会长远发展而言，不合理的产业结构容易造成大量资源浪费，并且第二产业过分突出，会造成生态环境的破坏，反过来又成为经济社会发展的桎梏，十分不利于社会的和谐与长足发展。

二是边疆地区经济发展速度与现实生活需求反差突出。习近平总书记指出，消除贫困、改善民生、实现共同富裕，是社会主义的本质要求。党的十八大以来，以习近平同志为核心的党中央把脱贫攻坚作为实现第一个百年奋斗目标的重点工作，摆到治国理政的重要位置，以前所未有的力度推进，脱贫攻坚战取得决定性进展。但云南边疆民族地区经济发展却不容乐观，由于历史、地缘关系等因素，边疆地区的发展呈现被社会经济边缘化的现象。据相关数据显示，该地区有相当一部分人群仍处在贫困和深度贫困中，温饱问题依旧是困扰边疆居民的主要问题。25个边疆县（市）中有17个是国家和省扶贫工作重点县。2013年，农村绝对贫困人口60.86万人，低收入人口103.61万人，分别占全省的23.96%和20.1%[①]。部分贫困农户居住条件仍然十分简陋，茅草房、杈杈房，人畜混居的情况依然存在，一些贫困人口缺衣少被。布朗族、拉祜族、佤族、傈僳族贫困面都在70%以上，独龙族贫困面高达90%以上。在我国56个民族中，人口在10万以下的民族有22个，被称为人口较少民族，云南有7个，分别是独龙族、德昂族、基诺族、怒族、阿昌族、普米族、布朗族，总人口23万，占全国近1/3，主要分布在9个州市31个县（市、区）的175个村委会、1407个自然村。2013年，这7个人口较少民族聚居的村委会人均纯收入970元，人均有粮338公斤，约50%的人口处于绝对贫困状态，住房困难2万户，缺乏基本生存条件的尚有2.1万人，解决温饱十分困难。当然，随着边疆经贸范围的不断开放，人均收入有所增加，到2013年云南边疆地区人均储蓄额约为12427元，人口城镇化率也在不断提高，整个地区GDP实现了较快增长，但是人民生活整体水平还提

---

① 根据云南省人民政府扶贫办公室2014年统计资料。

升不大,这已成为云南边疆地区一个亟待解决的问题。

三是边疆地区教育的滞后性。首先,农村教学点撤并引发的入学难。农村教学点撤并,给云南边疆地区农村孩子入学带来了新的困难。边疆地区农村家庭大都远离城镇和中心村,把原有的村教学点撤并,使得孩子上学必须走很远的路程,他们不得不早上起早上学,晚上贪黑回家,来回折腾,孩子受不了,家长也受不了。其次,基础教育设施十分薄弱。在云南边境地区25个县(市)中,很多中小学校校舍较少,教学设备普遍较差,现代教学资源难以实现共享,很多校舍、教学设备急待修葺更新。教学环境的恶劣,致使教师、学生不能一心一意扑在教育和学习上,严重束缚了教育发展的进程。第三,文化教育落后导致师资队伍不稳定。云南边疆地区由于地势偏僻,经济落后,信息闭塞,交通不发达,一方面导致很多老师不愿意在那里就业,即使暂时留下来的也不愿常驻。优秀师资力量外流,无疑成为了教育发展的屏障;另一方面,在十分艰苦的环境中,教师为了生活,大多在工作之余从事其他劳动,忽视了自身素质的提高。第四,辍学率较高。根据《云南省中长期教育改革与发展研究》数据显示,云南边疆地区高中学龄人口毛入学率普遍偏低,尽管各边境县(市)都认真贯彻落实政府"两免一补""三免费"的惠民教育政策,但辍学的情况依然很严重,学生群体中很大一部分在结束初中教育后或者未结束初中教育就外出谋生了,升学率极低。目前25个边境县教育情况虽有好转,但总体形势不容乐观,其中留守儿童的状况十分严峻。

四是边疆民族地区基层文化建设的滞后性。首先,传统文化中滞后的民风民俗与现代文明的矛盾突出。传统文化与社会主义先进文化相辅相成、相互促进,又有不协调的一面。有时传统是一种巨大的阻力,是历史的惰性力。边疆民族地区多为少数民族的聚居区,闭塞的地理环境使特有的少数民族文化得以完整的保存下来。但是,在这些保存下来的民族文化中,不乏影响现代文明的风俗习惯。并且,由于远离现代政治文化中心，少数民族的思想意识始终和开明先进的现代社会文化保持错位衔接，落后的少数民族意识和现代文明思想难以融合，制约了该地区教育的发展。其次，基层文化传播力度不够。云南边疆地区文化传播渠道较为单一，虽然政府施行广播电视"村村通"工程，但目前25个边境县（市）仍然不能实现完全覆盖。尤其是25个边境县（市）的相当部分地区，甚至连电都还没有接通，完全处于自给自足的生活状态，文化传播也就无从谈起。第三，基层文化机构体制改革过频，文化工作人员缺乏积极性。由于频繁的基层文化机构体制改革，各乡镇的文化机构经历了各种分分合合，基层文化工作人员积极性受到影响，创作出优秀文化作品不多，缺乏长远的文化建设工作规划。第四，农村文化人才缺乏，老龄化严重。随着城市经济的发展，农村的年轻一代都纷纷外出工作，只留下老、少、妇、残在农村居住，导致了农村文化人才的缺乏和严重老化。加上民间传统文化艺术在社会压力下，生存空间越来越小，不少民间艺人转岗另谋发展，部分民间艺术团体无法经营而被迫解体，使得农村原有的文化记忆逐步消失，原有文化活动不再传承，农村的文化活动越来越单调无趣，无法满足农村基层大众的需要。

（三）价值观多元化的挑战

马克思曾经指出："不管在什么时候，意识的存在都应以人们的存在为前提，而人们的存在就是反映他们实际的真切的现实生活过程。"① 换句话说，社会存在决定社会意识，基于丰富多彩的现实生活，才有了人们多样化的思想意识。改革开放以来，我国经济社会的迅猛发展，人民生活发生了翻天覆地的变化。沿边城市的开放、边疆经济合作区的设立为云南边疆民族地区的发展带来可观的回报。但是，随着经济的发展，云南边疆民族地区人民群众的社会价值观念也在悄然发生变化。西方文化推崇个人在社会中实现自我价值，获得社会的认可，社

---

① 马克思恩格斯选集(第1卷)[M].北京:人民出版社,1995:72.

会必须以巨大的物质回馈个人的奉献,这也就是学界通常所指的个人中心主义。中国的社会价值取向同样认可"在社会中实现个人的自我价值"的观点,不过在社会利益和个人利益的取舍之间,难免会存在社会、集体利益损害到个人利益,社会主义先进文化中的中国社会价值观倡导个人服从集体服从社会,少数服从多数的奉献精神。这无疑和外来的个人中心主义是有冲突的。个人中心主义中社会满足个人需要这一观念若被放大,就会演变成极端个人中心主义,即个人最大,社会利益要服务于个人利益。在社会主义市场经济发展过程中,一旦这样的思想、价值取向在社会上蔓延,形成主导的社会风气,现有的积极的社会价值取向也将会被人民群众搁置一旁,人们会为了一己私利而不惜牺牲损害他人利益,导致社会的不稳定与不和谐。最根本的在于在这个时代的精神世界里,社会观念不断发生激烈的碰撞,社会文化深度交融,这不仅促成了多样化的社会经济成分、就业方式、分配方式以及差异日益明显的利益群体,而且形成了独立、多元的价值理念与价值追求。

从国家层面看,价值多元化冲突集中体现为制度化和普遍化了的价值观念体系的碰撞,即社会主义与资本主义意识形态的对立。当代西方资本主义文化价值观本质上是资产阶级价值观。资产阶级在历史上曾经发挥过积极的作用,它在政治上追求"民主、自由、平等、人权、博爱";在经济上重视人才和科学技术、强调科学的管理,极大地提高了劳动生产率。"历史中的资产阶级一方面要造成以全人类相互依赖基础的世界交往,以及进行这种交往的工具,另一方面要发展人的生产力,把物质生产变成在科学的帮助下对自然力的统治。"[①]资产阶级的工业和商业正为新世界创造这些物质条件,西方资产阶级的价值观随着其在全球的扩展得到了充分展现。

从个体层面看,价值多元化的冲突体现在给个体理想信念和思想道德带来的影响和冲击。随着现代社会经济、科技、文化和教育管理等方

---

[①] 马克思恩格斯选集(第4卷)[M].北京:人民出版社,2012:235.

面显示出社会主义与资本主义之间的"落差",个体对资本主义的盲目崇拜与羡慕的情绪在新生代中滋生和蔓延,使"一些人失去人生的目标和方向,内在心灵世界没有依归",出现了"价值真空"的状况,不同时代的价值观并存,价值多样导致一些个体无所适从的现象比较突出,而社会对人民大众的价值取向缺乏有说服力的分析和引导,进而出现了"价值错位",社会的宣传舆论与人民大众的实际观念存在断裂,于是个体出现了"价值悬置"。价值真空、价值多样、价值错位和价值悬置,综合起来,必然导致社会出现"价值虚无"的状况,这样社会上就会出现"不以荣为荣""不以耻为耻"的"精神滑坡"现象。

云南边疆民族地区边防文化建设受到价值观多元化的影响主要表现在以下几方面:

第一,市场经济的发展直接促成了边疆民族地区社会的多样化。社会多样化是指自改革开放和建立社会主义市场经济体制以来,我国社会转型过程中所出现的经济成分、组织形式、就业形式和分配方式等由一元向多元的转化[1],其主要表现为以下几方面:一是经济成分多样化。由原来的单一的公有制形式向以公有制为主体,多种经济成分共同发展的方向转变;二是组织形式的多样化。原有的人民团体和群众组织继续存在并发挥重要作用的同时,又出现了各种合法登记或未登记但已存在并活动着的社会组织,及大量存在的正式非正式组织;三是利益主体多样化。除了原有的行政事业单位、国有企业、集体经济组织外,现在出现了农村家庭承包户、个体工商户、私营企业、三资企业、股份制企业等多种利益主体;四是就业形式多样化。即原有的单一的统包统分、一次就业定终身的就业形式被打破,向以自主择业、自谋职业为主的聘任、公开招考、竞争上岗等多渠道、多种形式的就业转变[2]。

第二,社会多样化导致边疆民族地区人民大众思想观念的多样化。

---

[1] 聂立清.我国当代主流意识形态研究[M].北京:人民出版社,2010:201.
[2] 周中之.马克思主义大众化发展[M].上海:上海三联书店,2013:91.

社会主义市场经济体制的形成，为社会经济的发展注入了新的血液，使社会主体获得更多的自主权利。社会主体获取利益的目的、条件和方式不同，加上市场经济中残酷的竞争，无形中就导致了社会主体多样化的价值追求以及个性化的行为方式。不同的阶层、不同的身份，不同的个体的价值取向与追求方式多样化已成为不争事实，主要表现为多样化的价值取向和多元化的价值标准。就社会整体而言，爱国主义、社会主义、集体主义价值观仍然占据主导地位，同时也适时产生了平等意识、竞争意识、效率意识、公平意识、创新意识、环保意识等一系列新的价值观。拥有这些价值观的人对权威不盲从，拥有自我独到的眼光和观察社会的视角；他们道德品质良好，精神世界丰富，遇事不推脱，愿意承担应负的社会责任，感恩生活，奉献社会。但是，当前在社会的一些领域也出现了不同程度的道德缺失现象，如一些人混淆是非、善恶、美丑；一些人崇尚拜金主义、享乐主义、极端个人主义等错误的价值观；一些人在利益面前不讲诚信，见利忘义；一些人的价值取向"墙头草随风倒"，思想观念多样多元多变；一些人的思想呈现出片面化极端化，分析问题时思想观念缺乏深度和自主意识；一些人功利心过强，事事只顾眼前，以实用为前提。

第三，思想观念的多样性导致边疆民族地区人民群众价值取向的多重性。就社会成员个体而言，在复杂、多样、多变的社会中，社会个体往往由于缺乏社会生活经验、思想不成熟或者从众心理等各种因素，呈现出多重的价值取向。"以大学生为例，有些学生的价值认知和价值行为表现出两面性，在公共场合或公开场合表现出积极向上的人生态度和优秀的人生品格，但是到了私人空间或网络世界里则表现出阴暗晦涩的心理状态和低劣的道德素质；有些学生表现出高认知、低素质的知行脱节现象，对社会和他人是高标准、严要求，对自己则是低标准、宽要求；对社会与他人要求得多，而自己为社会和他人做得却很少。"[①]

---

① 郑永廷,江传月.主导德育论:大学生思想政治教育一元主导与多样发展研究[M].北京:人民出版社,2008:42.

社会多样化、价值取向多样化,从某种层面而言,增加了推进云南边疆民族地区边防文化建设的难度,不仅影响文化的价值主导功能,而且会使人民大众对主流文化产生疏离感。另一方面,社会阶层和社会群体的不断分化,使边疆地区在社会主义核心价值观建设上难度加大。因此,云南边疆民族地区边防文化建设,要立足把坚持与发展马克思主义相统一、把远大理想与共同理想相统一、把时代精神与民族精神相统一、把建设党风政风与振兴民风相统一的现实途径。首先对社会群体进行分层,依照不同群体的实际利益诉求来设定不同的内容,确定不同的目标。在实践操作层面,尊重人民大众的首创精神,积极应对实践与时代的需要,从现实出发去构建文化体系,让边防文化能够为云南边疆民族地区不同的社会群体所认识认知和认同,使社会主义核心价值观在边防文化建设中得到充分体现。

### (四)宗教信仰的挑战

伴随着中国综合国力的提升增强,西方敌对势力利用民族、宗教问题对我实施扼制、西化、分化的图谋也在加剧,民族地区反分裂、反渗透的形势更为复杂。宗教是社会的产物,在人类社会发展史上,宗教对经济社会的发展产生过重大影响,发挥过重要作用。这种表面看来几近于完美结合的状况中,却在孕育着诸多思想意识。随着世界上民族、宗教问题的不断升温,境外敌对势力加紧利用宗教问题对我国进行渗透破坏,反分裂、反渗透的斗争形势更加复杂。边防文化能有效遏制宗教情感的不良渗透,充分识破分裂分子、恶势力的意图,因此有必要在云南边疆民族地区大力推进边防文化建设,有效提升边疆军民的思想觉悟,有效保卫祖国边疆的和平与安宁。

我国在少数民族地区施行的是少数民族宗教信仰自由的政策,为的是最大限度地团结少数民族,维护国家和民族统一,以更好地促进我国社会的和谐发展。但是,我们应当看到,一方面,宗教本身宣扬的是

"世界是神创造"的唯心主义，面对现实生活中出现的各种困境，人要有甘于接受现实的意识等，与社会主义先进文化中倡导的"人民是历史的创造者"的观念是背离的。并且宗教所倡导的"面对生活中的磨难要甘于承受"和我们所说的在逆境中要有"坚忍不拔"的品质是完全不同的两个概念。

云南作为我国的民族大省，共有人口在5000人以上的26个世居民族，同时云南是我国宗教形态最为多样的省份之一，境内有佛教、道教、伊斯兰教、基督教、天主教以及异彩纷呈的各民族传统宗教和民间信仰，是一个十分典型的宗教信仰多元化省份[①]。民间宗教信仰的复杂性主要表现为各民族中有的信仰传统的原始宗教，有的信仰佛教、有的信仰基督教、有的信仰天主教、有的信仰道教，还有的信仰多种宗教等。根据相关资料的记录，截至2014年底，云南登记在册的宗教场所共5044个，教职人员为14044人，信徒约380万人[②]，约占全省人口的10%，并不同程度地分布在全省129个县（市）。

在云南边疆民族地区既是少数民族聚居地带，同样也是宗教的主要传播和信仰地带，该地区主要融合了原始宗教、佛教、基督教、天主教、道教五大类。人们对于宗教的信仰也存在很多状态：有的不信仰任何宗教，有的只信仰一种宗教，有的信仰两种或者更多种类的宗教。可见，在云南边疆民族地区少数民族群众心目中宗教信仰的界线其实并不是很明确。

在云南边疆民族地区亟需快速发展的今天，社会要求人们具备的是积极向上，勇于奋斗，不断前进的精神，并不是甘于现状的处世态度。另一方面，云南边疆民族地区的16个跨境民族和邻国的民族有很大的历史渊源。在文化上、民族语言上、风俗习惯上、宗教信仰上有很大的相似性，二者之间容易产生民族心理共鸣，这种民族情感意识如果超越了

---

① 张桥贵.多元宗教和谐相处的云南经验[J].世界宗教文化,2014(1).
② 高志英.云南少数民族宗教信仰发展问题研究调查[J].云南行政学院学报,2014(3).

国家界限,很容易被境外分裂势力,不法分子所利用,将会威胁到云南边疆民族地区乃至全国的社会和谐稳定。

第一,宗教对边疆地区群众的思想束缚。宗教的消极作用首先表现为对人的精神和思想的束缚。"宗教是客观世界在人们主观世界上的颠倒了的异化反映,是一个颠倒了的世界观。"①可见,从世界观上说,宗教是一种颠倒了世界的唯心主义世界观,是对现实世界的歪曲反映②。马克思主义宗教观又认为,作为一种社会意识形态,宗教虽然有其相对独立性,但是不会因为宗教界、宗教界人士和信教群众立场的转变而改变宗教自身的本质,宗教依然是一种幻想的反映,是一种颠倒的世界观,是人的精神的异化。宗教有着漫长的历史。虽然,随着经济社会的发展进步,各大宗教都回应时代要求和适应社会发展,对自己的教义、教规、礼仪等做出了顺应时代变化、符合社会实际的新解释和新调整,但是它作为历史上延续下来的一种普遍存在的思想意识和文化现象,仍然存留着某些消极的因素。其中某些宗教教义,如"原罪"说、"忍让"说、"末日审判"说、"来世幸福"说、"禁欲"说、"苦谛"说等,并没有随着经济社会的发展进步和人的思想变化发生根本性改变。马克思主义创始人对宗教的社会作用有着辩证的分析,认为虽然宗教部分地表达了人们对受到的压迫、社会不公平的"叹息"和"抗议",但在使人们在寻求宗教来"释放"压抑,求得"解脱"和心灵"慰藉"的心理调适作用的时候,也往往使人们走向了另一面,即导致人们相信"宿命",甚至产生消极对待人生或逃避现实的副作用。另一方面,众所周知,各种宗教经典贯穿着一种消极思想,他们宣言世界本来是不存在的,现在的世界及现在世界中生存着的万事万物都是由"神"或"上帝"或"真主"创造出来的,从他们创造出来世界的那一瞬间起,世界上的一切现象、一切事物都是按照他们的意志、他们的

---

① 陈麟书,陈霞.宗教学原理[M].北京:宗教文化出版社,2003:53.

② 陈麟书,陈霞.宗教学原理[M].北京:宗教文化出版社,2003:53.

安排、他们的决定来运行和发展的；人的一切，如高尊卑贱、富贵穷困、生死祸福乃至人生活中的每一件事，都是"神"或"上帝"或"真主"的慈悲赠予或精心安排的，那都是你命中注定不可避免的，因此，不要奢求有其他的额外需要，甘愿接受一切。既然一切都是预先被安排的或是被"命中注定"的，那么，人在自己面前又能做什么？在宗教里"神"或"上帝"或"真主"是万能的，被他们创造出来的世界上的一切就应该服从他们的旨意。这就很容易误导人们形成一种因循守旧的价值观，使边疆民族地区群众在人生观上产生消极的宿命思想，扼杀了他们的主观能动性，从而束缚了他们的全面发展。

第二，宗教对边疆地区群众日常生活的负面影响。信仰宗教是人的自由，也是人的日常生活内容之一。宗教是很有影响的社会现象，具有广泛的社会性。它影响到人们社会生活的各个领域和层面，其中包括人的日常生活。①宗教对人日常生活的影响是极为深刻的，如果把握不好，这种影响可能就是负面的。宗教对人日常生活的影响是从"灵魂不灭"说开始的。灵魂不灭的观念是一切宗教中最基本的观念之一，各种宗教的灵魂观念虽在具体方面有较大差别，但根本上却是相同或相似的。它们的中心思想是极力宣扬灵魂不会随肉体的死亡而死亡，是其所附着之人的一切活动的原动力和操纵者，成为一切行动的主宰。对这种观念认识如有偏离，就会使人甘愿接受所谓的"神灵"的摆布，把人生交给"神灵"，由"神灵"来安排。久而久之，这种观念对人日常生活造成了一定的影响。就当前经济社会情况看，生产力和科学水平毕竟还没有发展到最先进的水平，人在抵御自然灾害或应对病患等方面的能力相对还有薄弱的时候，每当有生产、生活大事和天灾人祸或死亡之时，一些人会不由自主地要乞求上帝或神灵赐福、保佑。这是因为，在他们眼里人的一切都是"神灵"给予的或安排的，只有"神灵"才能拯救人的灵魂和一切，"神灵"永远是至上的、无所不能的，面对自然和

---

① 陈麟书,陈霞.宗教学原理[M].北京:宗教文化出版社,2003:117.

社会的重重压力，人是软弱无能的，只有把希望寄托在超自然力量上，祈祷"神灵"给予帮助，以使摆脱困厄，从心理上寻求一种安抚和精神寄托。因此，生活中有些人对各种"神灵"顶礼膜拜，这又进一步导致人们产生了只求"神灵"，不求现实、不求进取的心理，完全接受命运之神的摆布的过急心理和行为。在边疆地区相对落后的地方，老人、小孩生病，不送医院，而是在家烧香求神，往往延误了治疗时间。有时水稻、洋芋等农作物发生虫灾也不按科学方法灭虫，而是去乞求"天神""地神"保佑，甚至个别人为了祭鬼神，不惜耗财，弄得家破人亡。这种消极被动的做法，在衣、食、往、行等生产、生活各个方面都有所表现。在日常生活中，还有另一种情况是，有些人为了避免得罪所谓的"神灵"，无所事事，无所适从，对生活缺乏信心。以上情况不但影响着信教群众，束缚了信教群众的思想，抑制了他们对美好生活的追求，给他们的心理、精神造成了一定程度的压抑，而且还对社会上一些不信教群众产生负面影响。对一些在生活中遇到困难、遭受痛苦，受到挫折而又无法摆脱，对宗教又缺乏科学认识的边疆地区群众来说，宗教的这种负面影响，妨碍他们日常生活中接受学校教育、科学文化知识教育和社会道德教育，削弱了他们参与社会交往和文化生活的积极性。长期下去，不但影响了他们正常的宗教信仰，而且异化了他们的心理。

第三，宗教是被边疆地区极少数人利用的工具。这里所涉及的"宗教被极少数人利用"有两个层面的含义：一是宗教历来是被统治阶级利用的工具。历史上，在社会发展的不同时期，宗教都曾经被统治阶级用作维护其阶级统治的工具。然而，在不同的历史时期和不同的社会制度下，统治阶级对这种工具的利用是不同的，在剥削阶级占统治地位的历史时期，统治阶级利用宗教麻痹下层劳动人民，宗教成为压迫和剥削劳动人民的工具，同时下层劳动人民也曾利用宗教来进行反抗。在不同的社会历史时期和不同的社会制度背景下，宗教发生的社会作用是不同的。在一个阶级推翻另一个阶级的时候，这个阶级就会利用宗教激励和凝聚劳动人民的力量,去攻击另一个阶级,但是当这个阶级掌握了政权以后成为新的统治阶级的时候,他又反过来利用宗教来教化劳动人民,让他们顺从和接受其统治,甚至他们同样利用宗教来"镇压"下层劳动人民的反抗。[①]以上是宗教本身作用"二重性"在阶级社会的体现。就当前现实情况而言,在我国建立社会主义制度以后,宗教存在和发展的阶级根源已经不存在了,宗教更不会与广大劳动人民对立,而是宗教与我国社会主义社会相适应,宗教界人士和广大信教群众都是中国特色社会主义现代化事业的建设者,他们爱国爱教。另一方面,我们党作为执政党、领导阶级,从来不打压或任意干预宗教,相反积极制定了宗教政策,提倡和保护宗教信仰自由,依法对宗教加强管理和引导。这些生动的局面体现了积极引导宗教与社会主义社会相适应的新景象,符合我们党的意志和广大宗教人士和信教群众的利益。二是宗教被边疆地区极少数别有用心者利用,来搞破坏活动,或打着宗教的旗号攻击社会主义制度。宗教是一种十分复杂的社会历史现象和文化现象。由于宗教文化传统的不同、社会制度的不同、意识形态的不同,近年来以美国为首的一些西方资本主义国家和其他境外敌对势力利用宗教说东道西,对社会主义中国指手画脚,国际上也总是利用宗教问题说事,向我国频频发难,宗教成为敌对势力对我国进行"渗透"和推行"西化""分化"图谋的工具。同时,境内极少数别有用心的人以宗教为借口,搞"藏独"和其他破坏活动。一些非法宗教或组织也乘机利用宗教干扰国家行政、司法、学校教育和社会公共事务。值得警惕的是,一些活动在边疆地区的境外敌对势力还打着各种幌子对边疆地区进行宗教渗透,培植宗教地下势力,拉拢分化包括边疆地区宗教界人士和广大信教群众在内的力量,企图通过渗透,控制边疆地区宗教组织和干涉边疆地区宗教事务,动摇边疆地区宗教界人士和广大信教群众集中力量建设社会主义的决心和意志,破坏边疆地区民族团结和祖国统一,企图达到不可告人的目的,严

---

① 李素菊.青年信仰与宗教文化[M].北京:东方出版社,2009:78-79.

重干扰了边疆地区广大人民群众正常的生产、生活秩序，最终影响了边疆地区经济发展和社会和谐稳定，从而对边疆地区人民大众价值观产生了深刻影响。

党的十九大报告指出："全面贯彻党的宗教工作基本方针，坚持我国宗教的中国化方向，积极引导宗教与社会主义社会相适应。"在全球化和科技迅猛发展的今天，宗教也在经历着深刻的改变，呈现了一系列新特点。宗教教义、教规、礼仪、信仰形式发生变化，宗教与人们现实生活的联系更加紧密。这些情况表明，在现实社会中宗教还将发生重大的影响和作用。马克思主义宗教观是发展着的马克思主义，蕴含着深刻的科学发展思想。只有以马克思主义宗教观为根本指导思想，才能正确认识和把握当代中国宗教的发展规律，客观对待和处理宗教问题，探索更好地引导宗教与中国特色社会主义相适应的新方法、新路径。面对宗教发展带来的挑战，要求我们在云南边防文化建设实践中要"通过主动做好工作，注重放大宗教的积极因素，发挥宗教的积极作用，引导、化解和抑制宗教可能释放的消极因素。"[①]从而充分发挥宗教为中国特色社会主义事业服务的功能，有效防止和抵御西方敌对势力对我国推行"西化""分化"的企图。

## （五）境外思潮的挑战

我们党团结和带领全国各族人民在致力于国内全面深化改革、建设社会主义法治国家的同时，积极倡导走和平发展道路，推动构建人类命运共同体，社会主义中国所处的国际环境得到了进一步改善。然而，在世界多极化、经济全球化和信息化趋势加快发展，政治、经济与文化相互交融，世界范围内的各种思潮相互激荡的背景下，西方敌对势力利用"人权"问题、宗教问题，加紧了对我国实施"西化""分化"的步伐，颠覆和演变社会主义中国的企图从未改变，也从未停止。他们的重

---

① 叶小文.改革开放30年党的宗教工作理论创新[J].中国宗教,2009(1).

点是传播西方资产阶级政治观点、价值观念,对我进行意识形态渗透。新形势下,西方敌对势力对中国西化、分化的渠道和手段也更加多样化。他们主要利用"人权"问题进行干扰破坏;利用民族问题加紧对我实施"分化";利用"民运"组织,精心培植颠覆力量;利用"法轮功"邪教组织进行捣乱破坏;对我进行文化冲击,实施思想文化渗透,曲解、丑化、淡化我民族文化传统,从而达到消解中华民族凝聚力的企图。而这些手段无一不与宗教相联系。实际上,西方敌对势力一刻也没有停止过利用宗教对我进行渗透颠覆,对我宗教问题进行攻击,不惜投入巨资,在我国进行非法传教活动,扶植宗教地下势力,甚至与我国一些分裂势力加紧勾结,利用民族、宗教问题,不断挑起事端,企图实现其西化、分化中国的图谋。面对西方敌对势力西化、分化中国的图谋,关键是要办好我们自己的事情,一方面,要大力加强中国特色社会主义民主政治建设和中国特色社会主义文化建设,全面建设小康社会,提高我国综合国力;另一方面,要妥善处理好各种社会矛盾和民族宗教问题,构建社会主义和谐社会,这是防止和抵御西方敌对势力西化、分化中国的治本之策。

随着云南边疆民族地区与外界交流的不断增强,经济合作区的开设,对外贸易的增多,活跃了边疆地区经济社会生活的同时,边疆地区人民群众对利益诉求也有了更为深切的感知。伦理层面,功利主义价值观念被人们广泛认同。功利主义,借用密尔的话来说"换言之,最大幸福主义,主张行为的是与他增进幸福的倾向为比例;行为并非与它产生不幸福的倾向为比例。幸福是指快乐与免除痛苦;不幸福是指痛苦与丧失掉快乐。"[①]单纯地从功利主义倡导人应当去追求快乐这一点来说本是没有什么大碍的,但是,功利主义存在很大的缺陷。首先,功利主义把幸福等同于快乐,容易导致人们产生享乐主义的思想意识;其次,一个人他是处在复杂的社会关系中的,他在追求自己的快乐时难免有时

---

① 钟小燕.功利主义及其在我国的实践[D].华中师范大学法学院硕士学位论文,2005.

会伤害到其他的社会成员,这时他的快乐就是建立在别人痛苦的基础之上的。社会主义核心价值观倡导把涉及国家、社会、公民的价值融为一体①。而群众对功利主义的认同无疑和社会主义核心价值观所倡导的精神是背道而驰。在云南边疆地区,功利主义的长期存在一方面容易扭曲人民群众的思想,使人们为了一己之私而不择手段,造成社会人心冷漠,不利于社会风尚朝着健康的方向发展。另一方面,一些边疆地区群众广泛认同功利主义,酿成国家利益、社会利益在个人眼中无足轻重,甚至还会出现有的人会以牺牲国家、社会的利益来满足自己追求物质快乐的悲剧。

### (六)互联网发展的挑战

党的十九大报告指出:"加强互联网内容建设,建立网络综合治理体系,营造清朗的网络空间。"信息技术的飞速发展,不仅给人们的生活带来了便利,也带来了一个全新时代——信息爆炸的时代。在这个时代,手机、互联网成为主要的信息交流与传播工具,QQ、飞信、微信、微博等成为主要的信息沟通平台,信息正以我们难以置信的速度传递与分享,人与人之间的距离不断地微化。信息技术的发展使世界成为"地球村"。网络平台自身只是一个客观的信息载体,并不带有任何意识形态导向性。但是,存在于网络媒体中的信息,出自于一定的思想、文化信息源,有明确的价值导向性和意识形态性。基于此,西方资本主义国家积极开发和利用网络,并始终处在网络的主体位置,将网络视为对其他国家进行文化、意识形态渗透的重要手段之一。互联网产生于美国,美国拥有世界网络高速公路的主干线,控制着互联网运行的中枢——根服务器,拥有全球最大的CPU制造业、使用最广泛的WINDOWS视窗操作系统和最大的搜索引擎Google,拥有网络域名的专控权与否决权,全球85%的信息来自美国。因此,就全球而言,美国掌控着互联网世界,人

---

① 习近平.在北京大学师生座谈会上的讲话[N].人民日报,2014-5-5.

们在接受网络信息的同时，也不由自主地接受美国和资本主义的意识形态、价值观念、政治模式和生活方式等信息。

科学技术特别是网络技术的快速发展使得现代传媒真正变成了大众传媒，"大众传媒的发展大大扩大了意识形态在现代社会中的运作范围，因为它使象征形式能传输到时间和空间上分散的、广大的潜在受众。"①较之传统的传播方式，大众传媒更具革命性，它不仅极大地扩展了传播时间和空间，而且极大地提高了传播的效率。新型的信息传播方式，为推进云南边疆民族地区边防文化建设发展提供了优越的条件，社会主义先进文化在网络技术平台的支持下得以转化为数字符号，突破时空、地域的限制，自由的传播。

第一，网络的交互性为边防文化在边疆民族地区群众中传播搭建了桥梁。网络具有交互性特征，搭建了信息沟通与传播的桥梁与纽带，使得人民群众与边防文化的距离变得更近了。现在，网上政府、电子政务以及各种网站、论坛等平台的开发，使得政府工作的开放性和透明度不断增加。"不仅有利于增强社会监督和廉政建设，加强政府职能由管理向服务转变，而且也为普通人参加政治生活创造了条件以及可能性。人们可以不受时间和地域的限制，根据自己的爱好去浏览相关网站，下载相关信息，同时还可以通过发送相关电子邮件和网络留言、微博等互动方式来表达个人意愿，进行思想交流与沟通。"②

第二，信息技术发展创新了云南边疆民族地区边防文化的传播手段。党的十九大报告强调，建设网络强国，传统的文化以语言、文本或影像为载体，单一的传播手段可能造成受众对文化的抵触心理。信息技术的发展使得边防文化可以综合图像、文字、数据、音频、视频等多种信息形式，可以融合电脑、电视、电话、录音、录像、远距离传输、超文本链接、即使用连接的对话交流为一体的全息操作平台和立体化传播

---

① [英]约翰·汤普森.意识形态与现代文化[M].高括译,北京:译林出版社,2005:287.
② 周中之.马克思主义大众化发微[M].上海:上海三联书店,2013:96.

手段①。这些传播手段的创新，不仅能够激发边疆地区军民的兴趣和关注度，增强边防文化对边防主体的吸引力、感染力，而且也可以进一步促进云南边疆民族地区边防文化的创新发展。

然而，信息革命在促进传播技术和传播途径个性化、便捷化的同时，由于诸多原因，在信息化社会中边防文化在云南边疆民族地区传播途径仍然受到很大限制。

第一，影响受众对边防文化的理性思维。在社会信息化的技术作用下，存在于网络载体的网络信息具有数量大、碎片化、表面化、大众化等特点，而且容易掩盖核心价值的主导地位，对大众已经建构起来的对意识形态的理性思维造成严重冲击。"由于媒体的运作具有相对独立性，他可以控制政党，政党却不可以控制他。现代媒体实际上已经成为政党最大的竞争对手，他们和政党争夺受众（成员），争夺对社会助理医师的主宰权。政党的一些传统政治功能，如宣传功能、教育功能等，已经在媒体的冲击下丧失殆尽。"②

第二，影响受众对边防文化的接受质量。信息网络技术的发展大大提高了信息传播的效率，丰富了信息传播的数量，同时，现代信息传播的新机制逐渐建立，改变了大众的信息传播习惯以及对信息的接收模式。"传统的传播方式是自上而下的单向式灌输，这样的传播方式更便于形成一致的思想观念和价值取向，更便于实现主流意识的传播与认同。但是，信息化时代里，人们接受各类宣传信息不再是自上而下的灌输式，而是双向互动式；不再是单一的接受或者拒斥，而是有选择性地接受并表达甚至发布自己的意见和见解。"③在推进云南边疆民族地区边防文化建设过程中，这样的传播方式可以即时形成互动交流，提高文化的传播质量，但也不可避免地会产生质疑与反对，在一定程度上影响

---

① 聂立清.我国当代主流意识形态认同研究[M].北京:人民出版社,2010:186.
② 郭业洲.关于媒体社会中政党政治的对话[J].当代世界与社会主义,2000(4).
③ 周中之.马克思主义大众化发微[M].上海:上海三联书店,2013:98.

云南边疆民族地区边防文化的传播质量。并且,因为网络平台上信息的生产、传播不受任何条件限制,这就使得信息的准确度和真实度难以保证,各种片面的信息或虚假信息容易混淆受众视听,影响边防文化建设的推进效果。

# 六 云南边疆民族地区边防文化建设的理论基础

党的十九大报告指出,世界正处于大发展大变革大调整时期,和平与发展仍然是时代主题。在全球化背景下,世界各国激烈的综合国力竞争,不仅体现为经济实力、科技实力、国防实力等硬实力的较量,也体现为文化软实力的竞争。文化越来越成为一个国家综合实力的重要组成部分。随着世界多极化、经济全球化的深入发展,各种思想文化相互激荡,外来的与本土的,历史的与现实的,既相互交融吸纳,又相互排斥和冲突。许多国家越来越看重文化的建设和发展问题。我国作为发展中国家,总体而言,在经济发展上面临着严峻的挑战,在文化发展上也面临着紧迫的任务,边疆民族地区边防文化建设任务更加艰巨。边疆民族地区边防文化建设是一个系统工程,正确把握、认识其理论基础,是探索云南边疆民族地区边防文化建设道路的首要前提。

(一)马克思主义经典作家的文化建设理论

马克思主义经典作家关于文化建设的思想,为边疆民族地区边防文化建设奠定了坚实的理论基础。马克思主义文化思想作为马克思主义的重要组成部分,始终站在现实社会关系的基础上,坚持从实践而不是从观念出发来解释各种文化现象。马克思主义经典作家认为，文化是在一定经济基础和社会制度上产生的。马克思提出："物质生活的生产方式制约着整个社会生活、政治生活和精神生活的过程，不是人们的意识决定人们的存在，相反，是人们的社会存在决定人们的意识。"①在对待文化问题上，马克思恩格斯指出，文化具有推动经济发展和社会进步的重要作用。恩格斯说："政治、法律、哲学、宗教、文学、艺术等的发展是以经济发展为基础的。但是，它们又都互相影响并对经济基础发生影响。并不是只有经济状况才是原因，才是积极的，而其余一切都不过是消极的结果。"②按马克思的看法，劳动实践决定了文化的本质特征。"所谓世界历史不外是通过人的劳动而诞生的过程，是自然界对人说来的生成过程。"③"历史本身是自然史的即自然界成为人这一过程的一个现实部分。"④由此可以看到，文化的本质特征正在于其是人的本质力量的对象化形式。换句话说，文化的内涵体现的是人类劳动所涉及的内容，即体现在人们的活动成果和活动方式中，也体现在人们的精神生产、观念形态和思维方式中。显然，马克思的这一思想认为文化对人类社会发展和培育、健全人格的塑造具有特殊的、不可替代的作用。在马克思主义经典作家看来，推动文化繁荣发展应遵循文化发展的客观规律。文化发展交织着不同文化之间的冲突和斗争。文化分为先进文化和落后文化。先进文化与落后文化之间的冲突和斗争的根本是在争夺文化的领导权。马克思说："统治阶级的思想在每一时代都是占统治地位的思想，这就是说，一个阶级是社会上占统治地位的物质力量，同时也是社会上占统治地位的精神力量。"⑤

列宁认为在苏联存在着两种文化的对立，在1913年指出："每个

---

① 马克思恩格斯选集(第2卷)[M].北京:人民出版社,1977:32.

② 马克思恩格斯选集(第4卷)[M].北京:人民出版社,1995:732.

③ 马克思恩格斯选集(第42卷)[M].北京:人民出版社,1995:131.

④ 马克思恩格斯选集(第42卷)[M].北京:人民出版社,1995:128.

⑤ 马克思恩格斯选集(第I卷)[M].北京:人民出版社,1995:98.

民族文化，都有一些民主主义的和社会主义的即使是不发达的文化成分……但是每个民族也都有资产阶级的文化(大多数还是黑帮的和教权派的)。"①同时，列宁还提出，"我们要告诉一切民族的社会党人：每一个现代民族中，都有两个民族。每一种民族文化中，都有两种民族文化。"②区分了文化的民族性特征之后，为苏联更好地坚持民族文化提供了理论依据。根据"两种文化"理论，列宁认为，资本主义文化有其可取之处，对俄国文化发展具有一定的积极意义，可以为苏联所用。同时，他也反对盲目的实行"民族文化"。列宁认为，共产主义者必须以"人类创造的一切财富以丰富自己的头脑"③，这种精神财富自然包括封建文化遗产、资本主义文化。列宁对欧洲哲学有着比较深刻的认识，认为这些哲学思想深深影响了马克思主义的形成，他指出："马克思主义这一革命的无产阶级思想体系赢得了世界历史性的意义，是因为它并没有抛弃资产阶级时代最宝贵的成就，相反地却吸收和改造了两千多年来人类思想和文化发展中一切有价值的东西。"④文化具有历史继承的特点，社会主义文化不是凭空出现，它的形成是人类一切文化自然而然发展的结果。"无产阶级文化并不是从天上掉下来的，也不是那些自命为无产阶级文化专家的人杜撰出来的。无产阶级文化应当是人类在资本主义社会、地主社会和官僚社会压迫下创造出来的全部知识合乎规律的发展。"⑤因此，在正确认识文化继承性的特点的认识前提之下，列宁形成了批判继承文化遗产的思想。社会主义是新生事物，社会基础非常薄弱。因此，列宁创造性地提出："要进行社会主义建设，就必须利用全部科学、技术和资本主义给我们遗留下来的一切东西。"⑥建设苏联社会

---

① 列宁选集(第2卷)[M].北京:人民出版社,1995:36.
② 列宁选集(第2卷)[M].北京:人民出版社,1995:344.
③ 列宁全集(39卷)[M].北京:人民出版社,1986:299.
④ 列宁选集(第4卷)[M].北京:人民出版社,1995:299.
⑤ 列宁选集(第4卷)[M].北京:人民出版社,1995:285.
⑥ 列宁全集(第29卷)[M].北京:人民出版社,1985:489.

主义文化,就要充分利用资本主义的遗产,并对这种遗产加以改造,使其与苏联国情与人民需要相适应。这些论述和思想对边疆民族地区开展边防文化建设,坚持以社会主义核心价值体系为引领,把握文化繁荣发展的客观规律,探索适合边疆民族地区实际的边防文化建设道路提供了重要的理论依据。

### (二)马克思主义中国化的文化发展理论

党的几代领导集体的文化理论为边疆民族地区边防文化建设提供了科学的理论指导。毛泽东十分重视文化建设。毛泽东的文化理论是毛泽东思想的重要组成部分。毛泽东系统阐述了新民主主义文化理论,将新民主主义文化概括为民族的科学的大众的新文化,明确提出要建立中华民族的新文化。毛泽东说:"我们要革除的那种中华民族旧文化中的反动成分,它是不能离开中华民族的旧政治和旧经济的;我们要建立的这种中华民族的新文化,它也不能离开中华民族的新政治和新经济。"①这就是说,中国新文化的道路不是"文化的复古",不是"全盘西化",不是"中体西用",而只能产生于中国新经济新政治的实践之中。在对待古今中外文化的关系上,毛泽东提倡"古为今用、洋为中用"的思想,并在1956年4月中央政治局会议上提出了"百花齐放,百家争鸣",1957年在《关于正确处理人民内部矛盾的问题》中作了进一步阐述,强调:"艺术上不同的形式和风格可以自由发展,科学上的不同学派可以自由争论。艺术和科学中的是非问题,应当通过艺术界科学界的自由讨论去解决,通过艺术和科学的实践去解决,而不应当采取简单的方法去解决。"②

以邓小平同志为核心的党的第二代中央领导集体总结历史的经验教训,认识到必须重视文化建设的地位作用,要尊重文化建设的基本规

---

① 毛泽东选集(第2卷)[M].北京:人民出版社,1991:663-664.
② 毛泽东选集(第7卷)[M].北京:人民出版社,1999:229.

律，提出了"社会主义精神文明"建设理论，在党的十一届四中全会上，"社会主义精神文明"的科学概念被叶剑英同志首次提出，并将其纳入到实现四个现代化建设的整体发展战略中来，这为中国共产党在新的历史时期加强文化建设工作拉开了序幕。1979年，在第四次文代会上发表的祝词中，邓小平进一步指出，社会主义精神文明建设与社会主义现代化建设是一致的，着重强调"我们要在建设高度物质文明的同时"，还要"建设高度的社会主义精神文明。"中国共产党又在十二届六中全会的决议中确立了社会主义精神文明建设的战略地位，十四届六中全会的《决议》不仅把精神文明当作现代化建设的保证，还把它看作现代化建设的重要目标，这意味着，精神文明建设将贯穿社会主义建设的始终，保证我国现代化建设沿着正确道路发展。

党的十二大报告从建设有中国特色社会主义战略的高度，第一次比较科学的、系统地阐述了社会主义精神文明建设的问题，明确指出，社会主义精神文明是社会主义的重要特征，是社会主义制度优越性的重要表现。这是中国共产党对精神文明理论认识的又一个重要飞跃，表明党认识到了社会主义是经济、政治、文化三者的统一体，如果只关注经济制度和政治制度，而不注重思想文化建设，就不是完整的社会主义。这种认识是在总结历史经验教训的基础上，对文化建设工作地位作用认识的提高，它突破了以往人们对文化只是经济政治附属物的认识，为文化领域的独立与建设提供了理论上的依据、政策上的支持。

中国共产党的领导核心虽然认识到了精神文明建设的重要性，但是在各地区、各部门开展精神文明建设工作的过程中，还是存在着一些错误认识，因而没有对精神文明建设工作给予足够的重视，造成物质文明和精神文明建设发展不平衡，精神文明建设工作受到冷落、不能发挥其应有的作用。针对这种状况，邓小平提出了"两手抓，两手都要硬""一手抓物质文明建设，一手抓精神文明建设"等思想。1992年10月党的十四大报告中明确指出："物质文明和精神文明都搞好，才是有中国特色的社会主义。精神文明建设必须紧紧围绕经济建设这一中心，为经济建设和改革开放提供强大的精神动力和智力支持。"①此后又指出了社会主义精神文明建设的具体途径。明确精神文明建设的目标是培养一代又一代有理想、有道德、有文化、有纪律的新人。

党的十三届四中全会以后，以江泽民同志为核心的党的第三代中央领导集体开始领导文化建设的重任。江泽民同志把文化建设放在全球化的大背景中来认识，高度重视文化建设工作，认为文化建设的根本任务是提高全民族的思想道德素质和科学文化素质，在全社会建立共同理想和精神支柱，为中华民族的伟大复兴，为社会主义现代化建设的健康发展，提供巨大的精神动力和智力支持。江泽民在这一时期非常重视两个文明建设的协调发展，多次强调"两个文明建设缺少任何一个方面的发展，都不成其为有中国特色的社会主义。"②1997年，在党的十五大报告中，第一次明确地把文化建设列为党在社会主义初级阶段纲领的重要组成部分，明确地提出文化建设的指导思想、主要目标和先进文化的本质特征，明确地指出社会主义精神文明与中国特色文化建设是一致的。党的十五大报告全面、深刻、科学地阐述了建设有中国特色社会主义经济、政治、文化的基本目标和基本政策，强调这三者有机统一，不可分割，构成党在社会主义初级阶段的基本纲领，突出了文化建设在整个社会主义现代化建设中的地位和作用。报告还指出，文化是综合国力的重要标志，实现文化的与时俱进，是关系广大发展中国家前途命运的重大问题。要求中国共产党始终代表中国先进社会生产力的发展要求，代表中国先进文化的前进方向，代表最广大人民的根本利益，从而把文化问题提到了"立党之本、执政之基、力量之源"的高度，体现了我党自觉的文化追求和崇高的文化目标。

2002年11月，党的十六大通过新党章，把"三个代表"重要思想与马克思列宁主义、毛泽东思想、邓小平理论并列为党的指导思想。党的

---

① 中共十三届四中全会以来历次全国代表大会中央全会重要文献选编[M].北京:中央文献出版社,2002:140.

② 江泽民文选(第1卷)[M].北京:人民出版社,2006:134.

十六大从全面建设小康社会的角度，进一步阐明了社会整体发展的重大意义，明确指出，开创中国特色社会主义事业的新局面，就是要在党的坚强领导下，"不断促进社会主义物质文明、政治文明和精神文明的协调发展，推进中华民族的伟大复兴"①。党的十六届六中全会提出"社会建设和管理"以后，我们党确立了"四位一体的现代化建设总体布局。

党的十六大以来，以胡锦涛同志为总书记的党中央推动文化理论和建设工作取得重大进展。构建和谐文化是这一阶段文化理论的核心，和谐文化是中国共产党总结历史经验教训，科学分析国际国内形势，立足社会主义现代化建设的实践，汲取世界优秀文明成果基础上的又一次理论创新。

随着改革开放的力度和广度的进一步加大，人们的生活方式、思想观念、价值标准的多样化，思想文化领域出现繁荣与浮躁并存的局面，这需要一个核心价值体系来引领多样的社会思潮，在全社会形成凝聚力和创造力，进而努力建设中国特色的社会主义和谐社会。2006年10月，党的十六届六中全会提出："社会主义核心价值体系是建设和谐文化的根本。"②全会明确提出，在意识形态领域要坚持马克思主义的指导地位，把握社会主义文化的前进方向，努力建设社会主义核心价值体系，进而巩固社会和谐。

2007年7月，胡锦涛在党的十七大报告中向全党明确提出"提升国家文化软实力"的战略任务。"国家文化软实力"战略思想的提出，反映了我们党对世界文化发展趋势和我国文化发展方位的科学把握，体现了党在新的历史条件下的高度文化自觉，是党对文化战略地位和重要作用的新认识、新论断。党的十八大报告指出，建设中国特色社会主

---

① 江泽民.全面建设小康社会开创中国特色社会主义新局面——在中国共产党第十六次全国代表大会上的报告[J].理论学习,2002(11)3-16.

② 十六大以来重要文献选编(中),中共中央文献研究室编[M].北京:中共中央文献出版社,2006:400.

义,总布局是经济建设、政治建设、文化建设、社会建设、生态文明建设"五位一体"。党的十八大报告要求全社会"必须推动社会主义文化大发展大繁荣,兴起社会主义文化建设新高潮,提高国家文化软实力,发挥文化引领风尚、教育人民、服务社会、推动发展的作用。"[①]这表明我们党和国家已经把实现社会主义文化大发展大繁荣作为增强综合国力,推动社会整体协调发展,实现中华民族伟大复兴的新的引擎。

党的十九大强调指出,文化自信是一个国家、一个民族发展中更基本、更深沉、更持久的力量。必须坚持马克思主义,牢固树立共产主义远大理想和中国特色社会主义共同理想,培育和践行社会主义核心价值观,不断增强意识形态领域主导权和话语权,推动中华优秀传统文化创造性转化、创新性发展,继承革命文化,发展社会主义先进文化,不忘本来、吸收外来、面向未来,更好构筑中国精神、中国价值、中国力量,为人民提供精神指引。党的十九大报告鲜明提出发展中国特色社会主义文化,把文化建设提到了前所未有的高度。修改后的党章,把发展了中国特色社会主义文化同开辟了中国特色社会主义道路、形成了中国特色社会主义理论体系、确立了中国特色社会主义制度,一道作为改革开放以来我们取得一切成绩和进步的根本原因,这就意味着把文化提升到了与道路、理论、制度同等重要的地位。每个时代有每个时代的经济政治,也有每个时代的文化。

文化繁荣兴盛是民族繁荣兴盛的鲜明标志和重要支撑。党的十八大以来,以习近平同志为核心的党中央着力推进社会主义文化强国建设,加强党对意识形态工作的领导,党的理论创新全面推进,马克思主义在意识形态领域的指导地位更加鲜明,中国特色社会主义和中国梦深入人心,社会主义核心价值观和中华优秀传统文化广泛弘扬,群众性精神文明创建活动扎实开展。公共文化服务水平不断提高,文艺创作持续繁荣,文化事业和文化产业蓬勃发展,互联网建设管理运用不断完善,全

---

① 胡锦涛.坚定不移沿着中国特色社会主义道路前进为全面建成小康社会而奋斗——在中国共产党第十八次全国代表大会上的报告[J].新长征,2012(12):4-17.

民健身和竞技体育全面发展。主旋律更加响亮，正能量更加强劲，文化自信得到彰显，国家文化软实力和中华文化影响力大幅提升，全党全社会思想上的团结统一更加巩固。以一系列新理念新思想新战略，进一步回答了为什么要建设社会主义文化强国、如何建设社会主义文化强国的问题，清晰展现了文化强国建设的中国逻辑，确立了社会主义文化强国建设的思想引领和理论支撑。

2013年3月，习近平总书记在十届全国人大一次会议闭幕会上讲话指出，"中华民族具有5000多年连绵不断的文明历史，创造了博大精深的中华文化，为人类文明进步作出了不可磨灭的贡献。经过几千年的沧桑岁月，把我们56个民族、13亿多人紧紧凝聚在一起的，是我们共同经历的非凡奋斗，是我们共同创造的美好家园，是我们共同培育的民族精神，而贯穿其中的、最重要的是我们共同坚守的理想信念。"第一，关于弘扬中华优秀传统文化。习近平高度重视对博大精深的中华优秀传统文化的弘扬与继承。2012年12月，习近平在广东考察工作时，就把传统文化提升到一个新的高度，指出："在历史进程中凝聚下来的优秀文化传统，决不会随着时间推移而变成落后的东西。我们决不可抛弃中华民族的优秀文化传统，恰恰相反，我们要很好传承和弘扬，因为这是我们民族的'根'和'魂'，丢了这个'根'和'魂'，就没有根基了。"① 2013年8月，习近平在全国宣传思想工作会议上再次提及传统文化，强调："讲清楚中华文化积淀着中华民族最深沉的精神追求，是中华民族生生不息、发展壮大的丰厚滋养；中华民族创造了源远流长的中华文化，中华民族也一定能够创造出中华文化新的辉煌。"第二，关于培育社会主义核心价值观。面对市场经济发展和文化多元化的新特点，党的十八大提出，在全社会积极培育和践行社会主义核心价值观。习近平多次就社会主义核心价值观问题作出相关论述，并提出明确要求和任务。2014年2月24日，习近平在中央政治局第十三次集体学习时强

---

① 中共中央文献研究室.习近平关于实现中华民族伟大复兴的中国梦论述摘编[M].北京:中央文献出版社,2013.

调:"我们要利用各种时机和场合,形成有利于培育和弘扬社会主义核心价值观的生活场景和社会氛围,使核心价值观的影响像空气一样无所不在、无时不有。"[①]2014年5月4日,习近平在北京大学师生座谈会上发表讲话时进一步指出:"青年的价值取向决定了未来整个社会的价值取向,而青年又处在价值观形成和确立的时期,抓好这一时期的价值观养成十分重要。把培育和弘扬社会主义核心价值观作为凝魂聚气、强基固本的基础工程,广泛开展社会主义核心价值观宣传教育。"[②]第三,关于深化文化体制改革。习近平对深化文化体制改革的论述,主要分为三个层面:紧紧围绕建设社会主义强国的核心目标;抓住完善文化管理体制和深化国有文化单位改革两个关键环节;扎实推进文化事业全面繁荣、文化产业快速发展、优秀传统文化传承弘扬工作。2014年2月28日,习近平在中央全面深化改革领导小组第二次会议上提出:"要紧紧围绕建设社会主义核心价值体系、建设社会主义文化强国,完善文化管理体制和文化生产经营机制,建立健全现代公共文化服务体系、现代文化市场体系来做好工作,以此推动社会主义文化大发展大繁荣。"为我们深入推进文化体制改革,增强文化自信,建设社会主义文化强国指明了方向。第四,重视意识形态工作。站在党和国家全局的高度上,习近平针对意识形态工作的重要性, 2013年8月19日,在全国宣传思想工作会议讲话时就提出新观点,指明:"一个政权的瓦解往往是从思想领域开始的,政治动荡、政权更迭可能在一夜之间发生,但思想演化是个长期过程。思想防线被攻破了,其他防线就很难守住。"同时,他还强调:"意识形态工作事关党的前途命运,事关国家长治久安,事关民族凝聚力和向心力。宣传思想工作就是要巩固马克思主义在意识形态领域的指导地位,巩固全党全国人民团结奋斗的共同思想基础。"由此可见,在当今复杂的国内外形势下,加强和改进意识形态工作,牢牢把握意识

---

① 把培育和弘扬社会主义核心价值观作为凝魂聚气强基固本的基础工程[N].人民日报,2014-02-26.

② 习近平.青年要自觉践行社会主义核心价值观[N].人民日报,2014-07-07.

形态工作的主动权、领导权，是摆在我们党面前的迫切任务。第五，关于提升文化国际竞争力。建设社会主义文化强国，关键在于提升文化国际竞争力。在多个场合，习近平多次阐述了提高文化国际竞争力的重要性，认为其直接关系"两个一百年"奋斗目标和中华民族伟大复兴中国梦的实现。2014年的"两会"中，习近平在与贵州代表团一起审议《政府工作报告》时提出："体现一个国家综合国力最核心、最高层的，还是文化软实力，这事关一个民族精气神的凝聚，我们要坚定理论自信、道路自信、制度自信，最根本的还要加一个文化自信"。第六，关于文化自信。习近平总书记在庆祝中国共产党成立95周年大会上指出："文化自信，是更基础、更广泛、更深厚的自信。在5000多年文明发展中孕育的中华优秀传统文化，在党和人民伟大斗争中孕育的革命文化和社会主义先进文化，积淀着中华民族最深层的精神追求，代表着中华民族独特的精神标识。"习近平总书记在哲学社会科学工作座谈会上的讲话明确指出，"我们就要坚定中国特色社会主义道路自信、理论自信、制度自信，说到底是坚定文化自信。文化自信是更根本、更深沉、更持久的力量。"党的十九大报告指出："文化是一个国家、一个民族的灵魂。文化兴国运兴，文化强民族强。没有高度的文化自信，没有文化的繁荣兴盛，就没有中华民族的伟大复兴。要坚持中国特色社会主义文化发展道路，激发全民族文化创新创造活力，建设社会主义文化强国。"这些论述反映了以习近平同志为核心的党中央对中国特色社会主义文化建设规律的科学把握，是马克思主义关于社会主义文化建设理论的重大创新，是边防文化建设的重要指导思想。

（三）其他文化思想理论

中外学者众多文化研究成果为云南边疆民族地区边防文化建设提供了宝贵的理论参考。随着人类精神生活需求的日益增强，文化研究一直是非常活跃、学术成果层出不穷的研究领域。当代西方文化研究作为一门学科，始自20世纪50年代，其标志性事件是威廉姆斯、霍加特、霍尔、汤普森等一批文化学家提出了新的文化研究方法,并出版了众多文化学著作。我国文化研究兴起的根本动力是经济的快速发展和人民群众物质生活水平不断提高的社会现实。尤其是党的十七届六中全会通过《中共中央关于深化文化体制改革推动社会主义文化大发展大繁荣若干重大问题的决定》以来,国内学界掀起了文化的研究热潮。这些研究成果也为云南边疆民族地区边防文化建设提供了宝贵的理论资源,在此,选择有代表性的文化需求理论、文化接受理论进行闻述。

文化需求理论认为,和物质生活一样,精神文化生活也是人的一种客观需要。有"所需",必有"所求",只有深入研究"需求",才能提供有效"供给"。文化需求或需要是人类的一种特殊的需求或需要,因此,从理论上考察文化需求或需要,必须从考察人类的一般需要开始。一般来说,"需要"是人对生理、物质和社会等各要素要求的主观反映。人首先是一种客观存在,是人类生存发展的一种主要能力和基本前提。他们将伴随着人类生存和发展的全部过程。而且,需要是人产生各种动机的前提和基础,有需要才会有动机,也才会有满足需要的各种方式、载体和结果。在更深层次意义上,马克思、恩格斯认为,需要是人类多种属性中最基本的本质特征,他们的需要即他们的本性,把人和社会连接起来的唯一纽带是必然性,是由需要决定的。因此,人的"需要"是人类多种属性中最基本的全部活动的动力和根据。人的需要以衣食住行等直接物质需要为基础,但绝不仅限于物质需要。因为人是有高级思维能力,有丰富感情的能动存在物,其本身既有物质需要,也有精神需要,是一个物质和精神的有机统一体,而丰富多变的精神需求则是人区别于动物的重要标志,是人作为社会的"人"的本质特征。因此,只有摆脱了纯粹物欲的需要才能称之为人的需要。进一步说,人的需要其实是一个丰富的层次体系,不仅包括物质和精神两个方面。对这一现象的经典解释应首推美国心理学家马斯洛的"需要层次学说"。马斯洛在1943年出版的《人类动机理论》一书中,将人的基本需要分为5类:生理需要、安全需要、情感和归属需要(社会需要)、受尊敬的需要（自尊需要）和自我实现的需要。他认为，这些需要具有等级层次，存在从低级需要到高级需要发展和转移的过程。而且，在马斯洛看来，越高的需要层次所包含的文化需求成分就越多。具体来说，一方面，人的需要的产生、供给和满足，一般是一个由低到高、循序渐进的过程，有其独特的表现特点和发展规律。需要既不会与生俱来，也不会一成不变，而是伴随着环境和条件的变化而变化，一次需要满足了，下次还会产生新的需要，衣食住行等低层次的需要满足了，即而可能还会产生精神文化生活等更高层次的需要。同样，有需要才会有供给，需要是供给产生的前提和基础。人们不断提出需要，社会及时予以满足，同时又适度超前，逐步提高供给水平。但另一方面，在特定的环境和条件下，需要的产生、供给和满足程度又会呈现不同于一般规律的特殊规律。也就是说，并非所有人的所有需要在所有时期都按固定的顺序依次产生，也不意味着一定要按此顺序依次供给和满足。事实上，在现实生活中，多种需要并存无序的现象屡见不鲜。即在一定环境和特殊条件下，看似高层次的需要会超过低层次的需要、精神需要会超过物质需要而上升为首要需要。以此理论分析边防文化需求，可以看出，边防文化不同于教育、卫生等社会事业，如果说读书、看病是现时群众的刚性需要的话，那么比较而言，边疆少数民族群众对文化娱乐生活的需求可能相对弹性较大。即按时序来说，人们首先迫切需要满足的是衣食住行等最基本的生存问题，其次是教育、医疗等基本保障问题，最后才有可能是文化娱乐问题。也就是说，群众是否喜欢、能否参与文化活动，相当程度上要受制于经济条件和物质生活水平。按照马克思的观点，人们相互间的交往，是"人"作为"类"能得以生存发展的本质属性之一，文化则是人类生存、交往和发展的一种重要媒介，追求丰富多彩的文化生活是人们的普遍需求，只不过不同时代有不同的表现方式，不同人有不同的兴趣爱好，不同经济生活水平的群众参与和实现的程度不同而已。例如，到现代化大都市打工的农民，通过文化活动参与融入现代生活的欲望十分强烈，而在穷乡僻壤的留守农民，同样希望以文化聚集的方式与他人沟通交往，从而达到排遣孤独、丰富生活等多种目的。因此，在边疆多民族地区边防文化建设中，应高度重视需要的上述特征，而且要注意这些特征在各种群体的不同表现方式，防止简单化、片面化。正如马克思早就指出的那样："首先要研究人的一般本性，然后要研究在每个时代历史地发生变化了的人的本性。"①这是云南当前边疆民族地区边防文化建设的基本出发点。

文化接受理论认为，一个完整的文化活动过程，绝不仅仅取决于创作者一方的努力，而是创作者和接受者双方的互动过程。以读者的阅读过程为例，期待视野是指读者作为接受体在阅读一作品时对作品所产生的一种期望结构和思维定式。这种期望的"视野"涉及作品的情节描述、人物刻画、艺术价值、思想蕴涵等多方面。它既建立在对同一作者及其作品以往情况的基础上，又渗透着读者个人的兴趣爱好、社会倾向、接受能力等各种因素；既产生于读者的阅读之前，又贯穿于接受过程始终。读者读完作品后，如果自己原有的期待视野被满足或超越，既通过阅读作品得到预期甚至更多的收获，那么读者的期待与作者的意图就实现了有机的结合，这也是作者和作品成功的标志。反之，如果读者对作品感到失望，以至由此确立了对作者的否定态度或改变了对其原有的印象，那么作者无疑会在读者心中失去地位。这种理论还认为，有时作者与读者的交往不是在读者阅读作品时才开始，而是在作者创作时就已存在。作者只有主动适应读者的审美要求、社会倾向和接受水平，作品才能赢得读者并且有生命力。接受理论的意图在于阐述读者对作品的制约关系，其更深层的意义还在于揭示不是创作者和作品决定了读者、观众和听众，恰恰是接受主体的接受需要决定了创作者和作品。

从接受理论的角度分析，在云南边疆民族地区边防文化建设中，边防军民的作用和地位体现在以下几方面。首先，对待各种文化活动的心理倾同性。这种心理倾同性是以其情感为核心，以及在此基础上形成对

---

① 马克思恩格斯全集(第23卷)[M].北京:人民出版社,1995:669.

文化活动从内容到形式的反应。面对形形色色的文化活动，边防主体未必会完全机械地被动加以接受，而会主动加以"筛选"：对自己认为是有价值的东西发生兴趣并产生积极的接受倾向，对认为无价值的东西则呈消极无所谓态度，有的甚至还会产生反感抵触情绪。这种多层面、多向性的心理意识看似变化无常，实际恰恰是他们能动接受意识的反映。而这种现象又是由其社会经济地位、文化水平和生活环境阅历等主客观多方面因素决定的。因此，虽然从一般意义说，任何文化活动都会客观地从不同层面上给受众留下接受的可能性，但它成为什么性质的接受对象，却不单单取决于文化产品创作者和文化活动组织者的主观努力，而首先取决于受众的心理倾向性。从这个意义上说，只有与他们的认识水平、接受能力相适应，文化产品的创作过程才算开始，文化活动才能进入状态。否则，即使是有价值的文化产品和文化活动，如果不能与受众的接受状态发生同构共鸣关系，也不可能成为他们的接受对象。其次，接受文化宣传活动的积极性。它主要表现为对间接宣传价值的理解、把握和进一步的开掘。间接宣传一般是指由文化活动创作者所制作，由一定内容、形式和传播媒介手段组合而成的精神产品。它是渗入了创作者的主观意识并具有一定价值的客观存在。但也正因如此，它不可能自动地实现价值，创作者只能最大限度地使其产品理想化，组织者也只能最大限度地使产品形式化，要真正实现其价值，还有赖于文化接受者自身积极能动的接受过程。最后，实现文化产品价值的行为创造性。就文化产品价值而言，无论是通过演出等宣传方式直接加以体现，还是通过文学作品、网络等形式间接加以体现，都只能停留在创作者和组织者一端，而边防主体依据自己的主客观条件，对文艺产品内容和形式的不同认识和理解，虽然较前者又前进了一步，即把产品的内容和载体转化成了自己的体验和感受，但这也还仅仅停留在初始阶段，既不一定是其能动作用在最高层次上的发挥，也不是文化活动的终结。边防文化建设，不管是以何种方式和程度加以表现，不管边防主体在多大程度上能够接受，其主要目的，都在于使边防主体通过自己的亲身体验，在自动接受的同时进一步创造价值，从而达到以先进文化影响造就边防主体的最终目标。显然，这一过程既不能自动实现，也不能由创作者和组织者包办代替，而仍要依赖于边防主体自身的主动创造行为。更重要的是，边防主体作为接受主体，不仅能实现和进一步创造文化产品价值，而且会在接受和参与活动中，以改编等不同方式反作用于作品，从而对作品的原创作者和组织者提出更高要求。简言之，边防文化不是一个一方简单灌输、另一方被动接受的过程。特别是从发展趋势来看，随着物质生活水平的不断提高和现代传播媒介形式的日益丰富，以及群众接受能力和综合素质的日趋提高，边防主体对文化活动会呈现出越来越强的能动接受意识和选择能力，这对边防文化建设提出了新的目标和要求。

# 七 云南边疆民族地区边防文化建设基本历程

云南作为祖国的西南门户,是历代兵家必争之地,近代以来,先后发生了重九起义、云南护国运动、滇西抗战、解放云南、剿匪平叛、戡界警卫、援越抗美、援老筑路、自卫还击和边境大扫雷等战争和重大军事行动。边防文化正是在戍边御敌的厚重历史中孕育形成,在强边固防的实践探索中不断发展,在文化自信的传承坚守中繁荣创新。

(一)在戍边御敌的厚重历史中孕育形成

从战略地位看,云南作为祖国的西南门户,战略地位的重要性不言而喻,云南成为了历代兵家必争之地,在这里发生的军事活动,不仅在某些历史阶段直接影响着社会发展的进程和民族的兴旺盛衰,同时对于巩固祖国西南边陲起着重要的作用。仅近代以来,云南就先后发生了重九起义、云南护国运动、滇西抗战、解放云南、剿匪平叛、戡界警卫、援越抗美、援老筑路、自卫还击和边境大扫雷等战争和重大军事行动。新中国成立60多年来,在云南这块历经战火洗礼的热土上,先后产生了一批军事题材的优秀影视剧和脍炙人口的军旅歌曲以及反映民族团结、国防建设和军民一心戍边御敌的文艺作品。这些文化是在中华民族优秀传统文化和强烈的爱国主义精神感召下,构建的民族和国防建设的精神和文化家园。

鸦片战争之前,在清政府统治下的云南长期保持封闭落后的文化形态,传统边防文化呈现出零散的状态,还没有形成现代意义上的边防文化。鸦片战争爆发后,英国、法国将侵略的矛头指向云南,边防文化在云南边疆少数民族顽强抵抗外国侵略者的抗争中逐步形成。对于英国对云南侵略,云南军民直接以武力进行抵抗,1875年2月21日发生著名的马嘉里事件,德宏及腾冲地区的各族人民英勇抗击英国入侵者,使英国精心策划数十年的打通"八莫路"计划宣告失败。1900年初,英军数百及缅军1000余人侵入茨竹、派赖、滚马、拖角等地,当地景颇族、傈僳族、白族和汉族人民进行了强烈反抗。1911年,英军侵占片马、岗房、鱼洞等地,怒江两岸的傈僳族、景颇族、白族、彝族、汉族等边疆各族人民,纷纷组织起来,汇集成400多人的抗英队伍,土司也派出100多人的民团配合作战,在片马打击英军,取得了一定的胜利。面对英帝国主义武装侵占我片马地区,进犯怒江,威胁大西南,云贵总督李经羲选派留日生李根源等奔赴滇西勘查,李根源临危受命,带队深入怒江地区进行实地勘查,历时七个月,勘查归来即撰成调查报告《滇西兵要界务图注》,是首部近代军事意义的西南边防著作。19世纪末到20世纪初,英帝国主义不断武装入侵阿佤山,佤、傣各族人民起来抗击英国入侵,进行了前赴后继保卫班洪的斗争。1895~1897年,英国侵略者由勋仑向北进犯,下葫芦班况一带11个部落民众组织了联合抵抗。

19世纪末期,法国将越南占领后,以修筑滇越铁路为突破口,积极推行侵占云南的计划。从1898年法国勘测路线到1910年滇越铁路全线通车的10多年间,云南人民为保卫路权进行过不屈不挠的斗争。1903年,临安府建水县一带爆发以各族矿工为主,联合农民,反对帝国主义侵略和清政府压迫的周云祥武装起义。参加起义的群众包括哈尼、彝、苗、汉各族人民10000多人。他们提出"抗官仇洋""拒洋修路""阻洋占厂",反对法帝国主义强修滇越铁路,保护云南厂矿资源等革命口号。各族起义群众曾一度攻占临安、个旧等大片地区,沉重打击了帝国主义和封建主义。晚清云南留日学生以进步刊物和云南陆军讲武堂为阵地，宣传新的国家、国民和民族意识，教授所学军事技术，列举英法殖民侵略云南的事实，明确云南在大西南国防安全中的战略地位，激发云南人守疆卫土之责。

抗日战争爆发后，日本侵略者的入侵激起了云南各族儿女保家卫国的爱国热情，云南人民通过各种各样的实际行动来表达对抗战的支持，极大地推动了云南边防文化的发展。抗战期间，38万滇军将士疆场抗敌，征战大江南北，先后参加了台儿庄战役、武汉会战、中条山战役、长沙会战、赣北战役等20多次重大战役，与侵略者展开殊死搏斗，10万儿郎埋骨中华大地。太平洋战争爆发后，云南从抗日大后方变为最前线，10万滇西抗日义勇军拼死抵抗，阻敌于怒江西岸，把日本侵略者拖入各民族群众反侵略战争的汪洋大海中。抗战转入战略反攻阶段后，16万精锐之师率先在全国发动反攻战役，取得滇西抗战的重大胜利，成为中国最早将日本侵略者赶出国土的地区。抗战胜利后，滇军进入越南接受日军无条件投降，成为唯一一支在国外受降的中国军队。为支援抗战，云南人民捐资捐物、倾家荡产、在所不惜。抗战伊始，人口不到2000万的云南，即自筹装备和给养，组建4个军共27万大军奔赴抗日前线，并保障了上百万新增城市人口的粮食供应。为打破日本侵略者的封锁，云南各族人民不分昼夜与险恶的自然环境作斗争，用血肉之躯建成"滇越铁路""滇缅公路（3000多名民工和技术人员献出生命，伤残者超过万人）""驼峰航线""中印公路"四条战时生命线。据不完全统计，日本侵略者在云南造成军民伤亡48万余人，财产损失达25亿多元（1937年7月法币），1942年5月，怒江以西的大片国土被日寇侵占之后，云南人民奋起反抗，经过松山战役、腾冲光复、驱逐日寇出云南土地，云南成为了抗战时期沦陷国土最早被全部收复的省份。其次云南各界人士在全国抗战救亡运动以及抗日民族统一战线的感召下，也掀起了中国共产党云南地方组织于1937年8月18日领导成立的"云南学生抗敌后援会"（简称"学抗会"），9月，云南各学校相继成立"学抗会"的学校分会,在各界先后组成了妇女抗敌后援会、女青年抗敌后援会、小学生抗敌后援会以及文艺工作者抗敌后援会等。各团体积极开展抗日宣传救亡活动,如1937年9月18日,学抗会发起的纪念"九一八"六周年活动,有3万多各界民众高举国难地图、高唱抗日救亡歌曲参加了游行示威。云南也诞生了不少新的抗战刊物,如创刊于1937年9月的《前哨》、创刊于1937年10月19日的《南方》等。在长期的戍边卫国实践中,云南各民族英勇顽强、共御强敌,使云南边防文化得以形成和发展。

### (二)在强边固防的实践探索中不断发展

新中国成立后,党和国家把边防建设和发展纳入到国家经济建设和国防建设及边疆发展的整体大局中综合考虑,作为边防建设的重要方面,云南边防文化在边疆作战、建设边疆、保卫边疆的实践中,不断在继承中创新,在创新中发展,逐步形成了自身的鲜明特色和独特优势。在20世纪70年代末边境自卫还击作战中形成的老山精神是新时期云南边防文化的典型代表,歌曲《血染的风采》唱遍全国;"人民利益高于一切"成了最时尚的口号;"理解万岁"更成为20世纪的流行语,"老山精神"把捍卫祖国的领土完整和主权提到了崇高的地位,升华了爱国主义的时代内容,感染教育了整整一代人。

云南地处印度洋板块与欧亚板块碰撞带东侧,全省84%的国土面积处于地震高烈度区(7度),约有70%左右的人口居住在地震危险区。复杂、脆弱的地质环境使云南成为崩塌、滑坡、泥石流等地质灾害危害最严重的省份之一。云南边防文化在抗震救灾等行动中不断发挥了鼓舞人心、凝聚士气的重要作用。在丽江、姚安、鲁甸等地震灾害中,军民发扬不怕苦、不怕累、不怕牺牲、连续奋战精神,营造了不畏艰险、敢于拼搏、连续战斗的战斗氛围,最大限度地减少了受灾群众的生命财产损失。边境自卫还击作战使中越300多平方公里的边境线上留下了560多片大小雷区,这些雷区多数为对方埋设,且各种各样,有压发雷、触发雷、跳雷等20多种,给战后中越两国边民的生活带来了困难。为确保中越边境人民群众的生命财产安全,中越边境大扫雷的和平行动于1992年正式展开,在第一、二次大面积排雷行动中,就有官兵不幸被炸伤和牺牲在雷场。在2015年展开的第三次扫雷行动中,云南省军区扫雷指挥部扫雷队下士程俊辉在执行扫雷任务时光荣牺牲,面对生与死的考验,扫雷官兵叫响"为人民扫雷""为军旅增辉"的口号,在雷场上实现军人的价值。

云南省公安边防部队扎实推进维稳、民心、固本、兴边工程建设,有效发挥边防文化的功能作用。认真贯彻中央关于构建社会主义和谐社会和云南省委、省政府关于平安云南建设的重大部署,在全省8个边疆州市部署实施了爱民固边战略,通过大力实施维稳、民心、固本、兴边工程,坚持持续不断全员走访群众、拉网式全覆盖排查化解社会矛盾、派驻边防民警村干部面对面帮解决实际问题、开展爱民固边模范系列创建推进治安综合治理、一对一或多对一结对帮扶困难儿童和弱势群体等行之有效的做法,有效维护了边疆和谐稳定、密切了党群干群警民关系、促进了各民族团结。

实施民心工程,积极办好解民忧惠民生的实事,有力维护了边疆地区民族团结和社会和谐。建立常态化走访联系群众机制,建立领导干部当兵、机关干部下基层走访、基层官兵全员走访工作机制,推动开展党政军警民联合大走访活动,探索推行了走勤式、驻勤式及警民QQ群、警务微博、警务微信等走访联系群众模式,为群众解难事做好事。结合大走访活动,建立矛盾纠纷常态化排查化解、分析评估机制,推出矛盾调处服务中心、家庭暴力投诉站、涉外纠纷调处中心、共产党员矛盾纠纷调解队、领导分级包案制度等工作模式,坚持重大敏感节点、重大政策、项目实施提前排查和引导。

建立关爱帮扶群众机制,帮扶困难弱势群体。对边防辖区困难儿童、孤寡老人、残疾人等弱势群体逐一走访、建立档案,采取官兵结对子、发动爱心人士参与等方式,积极帮解实际困难。临沧边防支队关爱救助毒祸遗孤四姐妹、保山边防支队20年如一日关爱帮扶残疾儿童杨明足、文山边防支队小坝子站30年如一日帮扶驻地敬老院孤寡老人等事迹受到社会各界广泛关注和各级领导高度肯定。同时，积极参与全省兴边富民行动，通过定点挂钩帮扶、建立爱民固边科技示范基地、帮助引进发展项目、农业科技下乡等方式，引导群众发展生产，改善群众生活。

建立爱民固边模范系列共建机制，紧密结合社会主义新农村、民族团结进步示范创建等重大活动，大力开展民主法治、民族团结进步、平安和谐、民生保障、精神文明等爱民固边模范系列共建活动，以及开展爱民固边进教堂、进寺庙等活动，整治治安与引领发展相结合，着力把爱民固边模范创建点打造成为抵御渗透破坏的堡垒和社会治安综合治理、民族团结进步的示范。

实施维稳工程，积极解决好群众关切的热点难点问题，有力维护了边疆地区安全稳定。完善多层级联动管边机制，与14个省区建立边防警务协作机制，与省级25个部门建立平安边疆联创机制。依托省深化爱民固边战略暨创建平安边疆活动领导小组平台，与省级25个部门建立突发事件联处、边疆防控联管、矛盾纠纷联调、服务民生举措联推等平安边疆联创工作机制；不断建立完善区域联防、军警民联防及所、站、队联动工作机制，与越南、老挝、缅甸对口部门建立三级警务联络机制，与新疆、西藏等14个省区建立警务协作机制，联合打击跨境、跨区违法犯罪；先后成功处置了缅甸"2009.8.08""2011.6.08""2012.4.26""2013.5.29""2014.4.10""2015.2.09"等涉我突发事件。尤其是"10·5"湄公河惨案发生后，以超常的决心、超常的气魄、超常的力度，在短短的50天时间内就完成了水上支队组建和联合巡逻执法首航勤务任务，提高了我在湄公河流域执法安全合作的主导能力，实现了党中央、国务院和公安部党委的战略意图。目前，中老缅泰四国联合巡逻执法已实现常态化。同时，大力推进边疆网格化管理体系建设，边疆管控更加精细、高效、规范，重点人群、特种行业场所管控率达100%。

强化突出治安问题整治，动态把握"枪毒拐赌非"的特点和规律，织密查缉防控网络，强化专项整治和社会面防控，着力端窝点、摧网络，严防枪支弹药、毒品和易制毒化学品等违禁物品流入流出，最大限度减少危害。健全"三非"人员遣返机制，创新"三非"人员管理模式，进一步规范邻国外籍流动人员出入境、临时居留、劳务就业市场管理，最大限度遏制新增"三非"人员。

完善应急抢险机制，完善抢险救灾应急预案，加强应急处突演练，加强应急物资储备，与省民政厅建立了自然灾害应急救援联动保障合作机制，全面提高应对自然灾害和处置边疆突发事件的能力。积极加强医疗救援队伍建设，以总队医院为支撑打造一支具有边防特色专业医疗救援队，总队医院被省政府确定为云南省医疗救援队。10年来，总队先后圆满完成四川汶川、青海玉树、德宏盈江、昭通彝良和鲁甸抗震救灾等抢险任务，被党中央、国务院、中央军委表彰为"抗震救灾英雄群体"。

实施兴边工程，积极改进和创新边防服务管理举措，有力助推了边疆地区大开发大开放建设。完善便民利民服务制度，简化办事程序，加强服务平台建设，先后推出"一站式服务中心""便民流动服务站""流动人口管理服务中心""外籍人员管理服务站""留守儿童关爱之家"等创新服务举措，着力提升边防管理服务水平，积极解决好"管理"与"发展"的矛盾。同时，积极推进法治边防建设，注重把实践中的成熟做法上升为规章制度，牵头起草的《云南省边疆管理条例》，探索运用法治的方式解决好边疆管理难题，为平安边疆建设提供法治保障。

认真落实云南省委、省政府对外开放战略的部署和要求，不断创新边检服务举措，推出服务桥头堡建设通关便利化五条措施、服务全面深化改革通关便利化十条措施等43条通关便利化举措，以及服务替代种植七项举措、提高边检服务水平三项服务承诺等160余条便民利民举措，推行网上报检、预约通关和集散式、流动式边检工作模式，积极推进通关便利化，促进边疆开发开放建设，昆明边检站因成绩突出被省政府授予"模范边检站"荣誉称号、河口边防检查站被省政府记集体一等功。

合理调整二线边疆检查站布局，坚持服从和服务于地方经济发展大局，针对全省边疆地区公路网改道后，部分二线边疆检查站已失去了查堵境外"三非"人员和毒品进入内地的作用实际，及时研究调整了11个二线边疆检查站布局，确保设置更加合理，查缉更加严密，执勤模式更加灵活多样，基础设施建设更加规范，服务经济建设更加有力，党委政府和人民群众满意。在执勤过程中，坚持严格公正执法与热情服务相结合，在执勤现场修建旅客休息室，备用茶水和药品等，设立党员服务台，为过往人员提供便捷的通行服务。

实施固本工程，积极加强和改进基层党组织建设，有力巩固了边疆地区党的基层政权。推行民警兼任村干部，选派警官兼任村干部，帮助边疆地区农村党支部完善各类制度。联合省综治办、组织部、民政厅出台意见，推进边防民警兼任村干部工作，选派边防警官兼任边疆建制村副书记或主任助理，发挥自身优势直接参与边疆村寨建设，巩固党的基层政权，提高基层组织团结带领群众发展生产和维护稳定的能力。临沧边防支队勐堆边防派出所民警吴军被群众联名推举为帮东村总支书并获评"十大边防卫士"，民警村干部朱绍平获评"我最喜爱的十大人民警察"提名奖并受到党和国家领导人的亲切接见。

联合云南省委组织部在边疆地区部署开展联创共建模范党组织活动，充分整合警地党建资源，提升边疆基层党建水平。实行组织联建，通过组织共建、问题同解、党员结对等措施，共建基层党支部200个，着力提高警地党组织解决实际问题的能力；实行党员联育，通过培训联抓、党员联管、党员联评，共育党员6万人次，着力提升党员党性修养和能力素质；实行党务联抓，通过党务同练、党课同上、党日同过，实现"支部一起建、活动一起搞、模范一起创"，整体提升警地党建水平；实行制度联建，通过建立完善联合议事、联建责任制、党务公开等制度，提升警地基层党组织规范化建设水平；实行和谐联创，通过共创和谐、共促稳定、共谋发展，着力提升基层党组织凝聚力和战斗力。通过联创共建，边防辖区355个较弱基层党支部得到加强、400个党支部获评先进党支部。

健全群防群治体系，依靠群众收集各类犯罪线索，认真贯彻"专群结合"的工作方针，加强边疆联防队、治保会、护村队等群防组织建设，推行十户联防、班户联防、治安中心户等群防模式，加强监督指导，建立完善相关教育培训和保障机制，充分发动和依靠群众协助管治安、守边防，构筑牢固的人民防线，有效提升了边疆地区基层组织抵御渗透破坏和自我防护能力。

双拥共建工作成效显著，云南春节拥军慰问团慰问边防和基层部队有据可查的资料最早可以追溯到1957年春节，当时根据国务院和解放军原总政治部"春节开展慰问海防、边防和施工部队活动"的指示，云南积极组织了包括党政领导机关和部队干部，各界知名人士，烈属和军属代表，工业、农业劳模在内的6个春节慰问团，分赴保山、思茅（今普洱）、文山等地慰问边防官兵。1957年至1978年间，云南省派出慰问团8次慰问边防部队，其中7次是在春节期间。20世纪80年代作战期间，中央和全国各地慰问团纷纷慰问。1984年，云南省正式以省委、省政府的名义组成慰问团，由省领导率领，登上边境作战的主战场，热情慰问坚守在前沿阵地上的解放军边防连队，把慰问品送到每一名战士手中，此后30多年，春节慰问团从未间断。每年春节前夕，云南省委、省政府都会派出慰问团，赶赴边关、哨所，察兵情、问兵暖、解兵忧。加强军地联系，平时不忘联系，节日重点走访，遇事协商办好。

（三）在文化自信的传承坚守中繁荣创新

习近平总书记在庆祝中国共产党成立95周年大会上的讲话中指出，"全党要坚定道路自信、理论自信、制度自信、文化自信"，并特别强调指出，"文化自信，是更基础、更广泛、更深厚的自信"。云南边防文化建设传承和坚守文化自信的要求，不断提升边防文化基础设施建设水平，打造独特的文化品牌。

实施边疆万里数字文化长廊建设，不断提升边防文化基础设施建设水平。2015年以来，云南省按照"文化育民、文化乐民、文化富民"的原则，扎实推进边疆万里数字文化长廊建设，以边疆地区人口、地理、边防、对外交流等功能特点为布局，选择基础条件好、服务能力强、对内对外辐射广泛的基层服务点，分别以边疆乡镇、边疆口岸为中心，以边防哨所、边贸集市、村文化活动室等数字文化服务盲区，建设基层服务点和数字文化驿站共603个，对公共电子阅览区、公共文化综合服务区、室外活动区、多功能厅、文化陈列室等，按照功能区域划分，营造轻松愉悦的公共数字文化学习空间。实现了数字文化资源的在线访问、下载、上传、离线播放，为所辖区域内的数字文化驿站提供资源更新服务。通过摄像机采集少数民族节庆文化、边贸习俗等边疆特色资源，展现边疆人文特色，赋予乡镇地方特色资源采集功能，为基层群众提供全方位的公共数字文化服务。在国家级、省级口岸，地方边民通道选择适合的场地，配备适合的设备，为边疆军民提供固定的数字文化服务设施，实现数字文化资源的加载、更新。通过中国文化网络电视互动播出终端和平板电脑离线播放数字文化资源，开展流动服务。提升乡镇基层服务点、数字文化驿站设施设备配置，强化其辐射与资源采集能力，提供更加便捷的数字文化服务。云南省边疆万里数字文化长廊建设依托各州（市）支中心，利用共享工程县级支中心作为纽带，以边疆口岸、共享工程农民素质教育网培学校为节点，把边防哨所、农民素质教育网培分校、边贸集市当作阵地，建成连点成线、连线成网的数字文化长廊，全面覆盖与缅甸、老挝、越南三国接壤的边疆乡镇、口岸、集市，构建边疆地区高效能的公共数字文化服务网络，推进和扩大边疆地区公共数字文化的全面覆盖和广泛影响，实现阵地文化数字服务新模式。

开展云南边防八千里文化长廊建设，打造独具特色的边防文化品牌。作为边防文化建设的主阵地，云南省军区着眼发展先进军事文化，从2010年开始，按照"建好一批基地、倡导两种观念、服务三个稳定、培育四支队伍、狠抓五个活动、传承六种精神"的思路，坚持大抓文化、抓大文化，着力推进具有军事特色、边防特色、民族特色、时代特色的"云南边防八千里文化长廊"建设,为推进部队全面建设提供了思想源泉、注入了精神力量。

"一批基地"——军史馆、文化活动中心、青年民兵之家、连长指导员之家、烈士陵园、战场遗址等基地功能基本完备。累计投入上亿资金,在全区师以上单位建成军史馆,团以上单位建成团史馆、文化活动中心和连长指导员之家,所有基层连队和129个县(市、区)人武部建有荣誉室,98%的基层单位有"八室三场"(荣誉室、图书阅览室、学习室、电脑室、棋牌室、台球室、乒乓球室、健身室,篮球场、排球场、羽毛球场),对麻栗坡、河口等17个烈士陵园进行改造修建。2012年,省军区投入110万元,重点打造原边防四团二连前哨排、原边防八团五连、原边防十二团五连前哨排3个文化长廊示范点,对扎西会议纪念馆、寻甸红军长征柯渡纪念馆、者阴山作战纪念馆进行了修缮。全省所有乡(镇)都建有青年民兵之家,38%的达到A类标准。16个州(市)在入城主干道竖起一块"云南边防八千里文化长廊"建设的大型宣传牌。进一步规范了国防教育基地,玉溪聂耳纪念馆等9个基地被命名为"国家国防教育示范基地",老山作战纪念馆、怒江驼峰航线纪念馆等67个场馆被命名为"云南省国防教育基地"。

"两种观念"——培育官兵社会主义荣辱观和当代革命军人核心价值观持续深入。坚持把培育官兵社会主义荣辱观和当代革命军人核心价值观贯穿"云南边防八千里文化长廊"建设全过程。大力倡导传承中华传统美德、符合社会主义精神文明要求、适应军人道德行为规范的文化观念,组织部队广泛开展"军人道德之星"、践行当代革命军人核心价值观"十大新闻人物"评选活动,广大官兵是非界限更加分明,道德荣誉感和道德判断力不断增强。扎实抓好军队历史使命、性质宗旨、理想信念、战斗精神教育,坚持开展主题演讲、知识竞赛、专题晚会等活动,利用军营广播、政工网络、板报橱窗、灯箱标语等载体宣传当代革命军人核心价值观,忠诚于党、热爱人民、报效国家、献身使命、崇尚荣誉已成为广大官兵实现军人自身价值的共同追求。省军区组建"百名将校军官合唱团""长城艺术团",每年元旦春节——感动省军区颁奖文艺晚会、"七一"最美歌声献给党、"八一"双拥文艺晚会、"十一"祖国颂歌咏比赛,已成为引领官兵价值追求的"文化大餐",创演的音诗画《为了人民的利益》、情景快板剧《旱天雷》、舞蹈《练》等文艺作品分获全军业余文艺汇演二、三等奖。

"三个稳定"——奠定了捍卫边防稳定、维护社会稳定、保持部队稳定的思想政治基础。各单位注重挖掘云南陆军讲武堂、滇缅公路、雷允机场、四连山古炮台等遗迹资源,充分运用龙陵松山战役、中缅联合勘界警卫作战、边境自卫还击作战等战争历史,深入抓好职能使命教育,开展"讲战斗故事、唱战斗歌曲、诵战斗诗篇、征战斗格言"活动,组织官兵在营区、执勤点、巡逻路边刻箴言、写警句、挂标语,因地制宜打造独具边防特色的"国门文化""界碑文化""哨所文化",激发了广大官兵戍边卫国的政治热忱。组织上百个边防连队与驻地村寨党支部开展以"两个支部一堂课"为主要内容的"同心筑堡垒"活动,利用巡逻执勤等时机组织官兵深入村寨插红旗、放电影、宣讲政策,经常与地方群众举行军民联欢、篮球友谊赛等,鼓励官兵学民族语言、唱民族歌曲、跳民族舞蹈、知民族风俗、交民族朋友,巩固了军政军民团结的良好局面,促进了社会和谐稳定。在部队营区灯箱、橱窗内设置安全警句、安全标语,制作文明出行卡,设立安全警示牌,开展"安全倒计时"活动,安全文化持续引领着部队安全发展。

"四支队伍"——法规政策宣传队伍、民兵信息员队伍、民兵致富带头人队伍、应急处突队伍作用发挥明显。边防一线连队均成立3至5人的法规政策宣传队伍,各县(市、区)人武部普遍建立一个村社一个民兵宣传员的法规政策宣传队伍,向驻地人民群众宣传党的路线方针、民族宗教政策、边疆管理法规,播撒文明新风。边疆一线村寨都保持有1~2名民兵信息员,为部队管边控边、维护社会稳定、抢险救灾等提供了有力的信息保障。各县(市、区)人武部利用民兵整组等时机,每年都抓懂经济、会管理、模范带头作用强的民兵致富带头人培训,实现了每个乡镇有1~2名民兵致富带头人的目标要求。按照"正规化建设、军事化管理、专业化训练、多样化使用、社会化保障"的思路，依据"靠城应急维稳、靠水抗洪抢险、靠道保交护路、靠山森林防火"的原则，加强应急处突民兵队伍建设。大理、玉溪、曲靖、昭通军分区和昆明警备区所属人武部普遍建立了100人左右的常驻民兵应急分队，出色完成了各项应急任务，应急处突作用发挥明显。

"五个活动"——"1+1"结对捐资助学活动、扶贫帮困活动、军民共建活动、平安共创活动、边疆联管共治活动深入扎实开展。省军区组织援建的盈江"八一"爱民小学等15所学校投入使用，捐资200万元援建彝良县洛泽河小学，解决了学校沿边上百个自然村寨、上万户人家的适龄入学儿童上学问题；全区团以上干部每人结对帮扶一名困难学生，每年有上千名学生在"1+1"助学活动中受益。采取"班帮户、连帮村、团帮乡镇"的办法，深入开展科技扶贫、文化扶贫，建成一批乡镇"新农村建设示范点""文明卫生村寨""种植养殖示范基地"。积极参加文明城市、文明村镇、文明社区建设活动，原边防二团与云南农业大学联合开展"军民融合122工程"现代农业示范基地建设产生了较好的示范效应。积极参加"和谐云南、平安社区"创建活动，定期组织军警民联防共治、处突维稳、抢险救灾等方案预案演练，部队积极配合驻地开展禁毒防艾、扫黄打非等专项整治，净化了社会环境，维护了社会稳定。积极构建党政军警民"五位一体"的管边控边机制，全面打造边疆联管共治格局，努力把每个边境村寨建成一个不调防的"连"、每个家庭建成一个不解散的"班"、每个村民成为一个不退伍的"兵"，有效维护了边疆的安全稳定。

"六种精神"——长征精神、"两不怕"精神、老西藏精神、老山精神、川藏线精神、抗震救灾精神为部队履行使命提供了强大精神动力。各级将"六种精神"与驻地特有的文化资源结合起来，通过主题教育、经常性思想工作和"抓学习、强素质、重落实、促发展"活动，用"六种精神"和优秀文化传统灌注部队，引导官兵自觉弘扬革命传统，积极投身强军实践。红军长征沿线的昭通、曲靖、大理、丽江军分区和昆明警备区等单位,运用驻地特有的红军长征历史资源,组织广大官兵参观红军纪念馆、瞻仰红军烈士墓,学习红军敢于压倒一切敌人、克服一切困难的英雄气概,激励官兵自觉弘扬优良传统、争做红军传人。怒江、迪庆等军分区结合驻地环境艰苦的实际,以老西藏精神、川藏线精神为主要内容,深入开展艰苦奋斗教育,不断强化官兵不畏道路艰险、不畏气候恶劣、不畏条件简陋、不畏环境复杂、不畏任务繁重、不畏牺牲奉献的意志品质,锤炼困难面前不服输、任务面前争着上、危险面前不退缩的战斗作风。文山、蒙自军分区深入挖掘驻地边境自卫作战遗址资源,组织官兵到作战纪念馆、烈士陵园凭吊祭奠革命烈士,邀请军内外英模和参战老兵讲述著名战例,让官兵在学史明理中锤炼"不怕苦"的意志品质、提升"不怕亏"的思想境界、弘扬"不怕死"的英勇气概,让两不怕精神、老山精神代代相传。普洱、德宏、迪庆、丽江、昭通等军分区教育引导官兵发扬"万众一心、众志成城、不畏艰险、百折不挠"的抗震救灾精神,为遂行多样化军事任务激发了强大精神动力,圆满完成了抗震救灾、山体滑坡救援等任务。

加强军校文化建设,培养边防守卫人才。驻昆军队院校紧紧围绕党在新形势下的强军目标,认真学习贯彻习近平新时代中国特色社会主义思想和习近平强军思想,着眼培养更多有灵魂、有本事、有血性、有品德的新一代革命军人,紧贴培训对象特点,始终坚持把积极构建具有战区特色、院校气息、民族风格的强军文化环境,作为孕育和滋养官兵"精气神"的沃土、丰富和充盈部队"软实力"的源泉、催生和提高战斗力的"硬支撑"扭住不放,紧紧围绕人才培养目标和教学工作中心,大力繁荣和发展强军文化,为提高人才培养质量提供了有力支撑。

紧贴使命任务,构建强军文化环境。深入学习贯彻党的文艺工作座谈会和军队文艺工作座谈会精神,特别是习近平关于文艺工作的一系列重要论述,紧贴使命任务、把握时代主题、着眼官兵需要,打造具有鲜明特色和独特风格的校园文化,有力推动了以人才培养为中心各项任务的圆满完成。一是注重军事激励。在办公楼顶和校前区广场等醒目位置设置了强军目标、新"四有"和军队好干部标准等标语牌，在学员区设置"励志劝学""血性培育"系列宣传灯箱橱窗，强化学员战斗精神，激发了学习训练动力。二是加强文化熏陶。围绕"战区精神"主题，在营区设置了首任校长兼政委陈赓大将雕塑、"兵法石林"毕业公园、军队和学院的英模人物宣传灯箱、座右铭景观石、战区精神雕塑园，让学员在潜移默化中接受教育、受到熏陶，强化使命担当。三是强调功能齐全。建设有校前区文化广场、学员生活区中心花园、家属区人文公园等9个特色文化绿化区，修建图书馆、院史馆、网络中心、田径运动场、心理训练场，建成了集礼堂、室内篮球馆、乒乓球室、台球室、棋牌室、康体室、健身房、卡拉OK厅、综合娱乐室等9个活动场所为一体的文体中心。目前，校园面貌整洁美观、文化环境优美怡人、设施器材先进齐全，展现出优美、舒适、高雅、和谐的育人环境。

强化育人功能，开展军事文化活动。坚持以服务中心工作、促进人才培养为目标，大力开展丰富多彩的军事文化活动，积极培养适应部队需要的新型高素质军事人才。一是注重实现教育教学内容的文化转换。广泛开展"五唱"（饭前唱、集合唱、点名唱、操课唱、队列行进唱）活动，每次集会前组织拉歌对抗接力赛，每年利用寒暑假和重大政治教育时机组织2~3次主题征文比赛、1~2次演讲比赛，每年组织"军校之春"文艺晚会，坚定广大学员扎根边疆、献身国防的信念和决心。二是注重提高"第二课堂"的文化品位。为有效促进教学中心工作，学院坚持把军事文化活动开展与教学育人紧密结合起来，广泛开设"第二课堂"，有效延伸课堂教学效果。举办了"第二课堂"大赛设计大赛，培养学员的自主创新能力，推动了"第二课堂"的创新突破；结合野外驻训、综合演练中训练生活，编印10余种队报；结合野外驻训和综合演练，组织"战地晚会"，积极开展军事基础技能比武竞赛，在丰富文化生活的同时提高训练积极性。三是注重盘活军地有利资源。近年来，学院注重在"开发资源、盘活资源、整合资源"上狠下功夫，不断寻求校园文化新的增长点。先后与驻地部队建立联系，设立教学实践基地，主动吸收部队鲜活的军事文化营养，丰富校园文化内容；与驻昆高校建立联谊互动机制，加强文化交流，开阔学员眼界，有效激发了校园文化的生机与活力。

着眼创新发展，打造校园文化品牌。树立精品意识，创造文化品牌，是学院推进校园文化创新的一个鲜明特点。一方面，积极构建校园文化运行载体。组建文艺创作中心、仪仗队、心理咨询室、校园电视台、广播站、军乐队、威风锣鼓队、民族舞蹈队、电声乐队、刺杀操队等文化队组；建立了成员换届制度、活动计划制度、方案申报制度、定期例会制度、鉴定讲评制度与评优表彰制度，确保校园文化丰富多彩、有序展开与创新活力。另一方面，充分发挥校园文化品牌效应。通过长期的努力，学院逐步形成了具有独特印记的军事文化品牌，坚持每年举办"军校之春"文艺汇演，创办"校园文化节"和"中队宣传日"活动，每年组织文化骨干集训。

# 八 云南边疆民族地区边防文化建设实践经验

回顾云南边疆民族地区边防文化建设的发展过程，我们可以清晰地发现，边防文化建设与边疆斗争的历史紧密相连，经历了一个由探索到初步确立、由快速发展到不断完善的过程，经过几代人的艰苦努力，才形成了今天比较完整的边防文化体系，为推动边防工作提供了强大的精神动力。因此，科学总结云南边疆民族地区边防文化建设的历史经验，结合不断变化的实际，分析现阶段边防文化建设存在的问题，对于揭示边防文化建设规律，在新时代更好地创新发展边防文化具有重要的理论和现实意义。

（一）云南边防主体始终保持高度的文化自觉为边防文化建设提供了强大的精神动力

"自觉"是指一种能够清醒的认识自己的存在、担当起自己承担的各种责任、理性处理多种关系和问题的精神成熟程度，这是一种高度的成熟和认同意识。关于"文化自觉"这一概念，在国内最早是由费孝通先生提出来的，它是指一种"自知之明"的意识状态，是一种指导人们正确处理人与人、人与社会关系的方法，要求在相同文化环境中生活的人们对自己文化的发展有充分的了解和清醒的认识，并能做好对自身文化的反思、传承和创新，以应对日益加强的全球化趋势。云南省委、省政府对边防部队有感情，对子弟兵很关心，自觉贯彻军民融合理念，履行党管武装工作职责，积极为部队官兵排忧解难。例如，连续30多年不间断的走边关、送温暖活动，省委、省政府领导亲自带队，给驻地部队、边防官兵以极大的鼓舞；在边境一线发生战争的时候，党委、政府协调全国各地慰问团体到前线看望官兵；在抗美援朝、抢险救灾等重大任务之际，党政领导带头捐钱捐物支援前线和灾区。云南省是全国最早提出建设文化大省的省份之一。1996年云南省首次提出建设"民族文化大省"，2000年制定和实施了《云南民族文化大省建设纲要》，2001年省第七次党代会把建设民族文化大省同建设绿色经济强省、中国连接东南亚南亚国际大通道确立为云南省三大战略目标。特别是党的十八大之后，民族文化大省建设进入了全面发展的快车道，全省文化事业不断繁荣，文化产业加快发展，文化体制改革稳步推进，形成了产业与事业协调共进、文化建设全面推进的良好态势，得到了中央领导和中宣部、文化部的充分肯定，在全国产生了广泛影响。云南省通过大力实施文化艺术精品工程，云南文艺连续多年保持了繁荣发展的良好势头，戏剧、舞蹈、文学、音乐、电影等主要艺术门类在近几年全国性重大文艺赛事中频繁获奖，涌现出一批在全国有影响的精品力作，引起了国际国内文艺界的广泛关注。以《云南映象》《凤氏彝兰》《丽水金沙》《蝴蝶之梦》《打工棚》《舞彩云》《云岭天籁》和云南代表队在全国青年歌手电视大奖赛中连续排名省级地方代表队总分第一为代表，全省共有60余个剧节目(作品)在全国性文艺赛事中获得140多个重要奖项，基本涵盖了表演艺术各重要门类。特别是在影视精品创作方面，电视剧《金凤花开》《翡翠凤凰》《滇西1944》《香格里拉》《中国远征军》《护国大将军》，电影《走路上学》《村官普发兴》《杨善洲》等一大批云南题材影视作品在全国热播，云南影视创作的影响力和知名度再度崛起，形成新一轮影视文化冲击波。文学方面，形成了昭通作家群、儿童文学作家群、民族文学作家群、都市文学作家群和边防文学作家群等一批创作群体。同时，着力加快文化走出去步伐，云南文化知名度和影响力不断增强。紧紧围绕中国面向西南开放的桥头堡建设，充分发挥云南文化资源优势，积极开展对外文化交流。先后成功举办了俄罗斯"中国年"云南文化交流活动、美国"文化中国·七彩云南"文化交流活动、澳大利亚"中国云南文化周"等文化外宣活动，承担了国家"文化外交"的职责。大力推进广播电视境外落地，45套中国数字电视进入万象市民家庭，云南卫视进入了越南河内和胡志明市有线电视网，对外广播有效覆盖7个东南亚、南亚国家。文化外宣阵地建设不断加强，外宣刊物缅文《吉祥》、老挝文《占芭》、泰文《媚公河》直接进入缅甸、老挝、泰国等国家的主流社会，用10个语种创办的《湄公河网》，成为我国语种数量居第二位的外宣网站。这些成绩的取得，不光是云南文化影响力扩大的体现，也有力促进了中华文化的繁荣和发展。

  根据不同阶段边防建设的任务要求，在中央统一领导下，云南党政军警民共建共管，取得了历次边境军事斗争的胜利，建立和不断完善边防管理体制，形成并不断巩固了民族团结的局面，与周边国家边境地区各民族建立了深厚的友谊，建立了和睦、互利、平等的周边关系。人民群众以高原情怀，坚毅品格，不折韧劲应对各种困难风险，挑战考验，创造了云南边防文化独具特色的实践形态。例如，边防建设上设立"四员"（界务员、信息员、联络员和情况报知员），发挥他们对防区人员熟、地形熟、情况熟、语言通的优势，与边防官兵联合巡逻执勤，倾心竭力，恪尽职守，不图回报，织起了联防联控的"天网"；创造了走村结对、馆（园）校合作，增强红色文化、边塞文化影响面，提高国防教育效益；驻滇部队充分发挥边防文化的渗透融合作用，积极在引领精神文明建设上作文章、在促进社会经济发展上办实事、在巩固军政军民团结上求作为，把部队建成广大官兵健康成长的沃土，把驻地建成各族群众安居乐业的家园。建设"八千里边防文化长廊""边防党建长廊"等，加强边境一线基础建设。形成了领导关心部队、人民积极支前、部队热爱人民、官兵参建参治的良好局面，有力促进了云南边防文化建设的不断发展。

（二）云南边疆民族地区多种文化的相互融合为边防文化建设提供了丰富的文化根基

近代以来，云南边疆一直都是各族人民同仇敌忾抗击外族入侵颠覆的前沿阵地，各族人民在这块土地上共同书写了反对分裂、维护统一的光辉篇章。在云南这片神奇的土地上，不同地域呈现不同的风土人情，不同的民族造就不同的特色文化，把民族文化、地域文化、边疆文化吸纳到军营文化中来，建设强大的边防文化，才会有真正意义上的强边固防。

云南的边防文化与地域特色的红色文化、民族文化、边塞文化资源相互融合，使边防意识更加贴近实际，走进人心，具有历史感和亲和力，促进了爱国主义、民族精神的核心价值观念弘扬。红色文化是中国人民在长期的革命实践中，不断地选择、融化、重组、整合中外优秀文化思想的基础上所形成的特定文化精神和文化形态。云南，作为一片有着光荣革命传统的红色沃土，许多老一辈无产阶级革命家都曾在这片土地上留下了光辉足迹，播下了革命的火种。云南红色文化内容丰富、传播广泛，拥有诸多国家级、省级爱国主义和国防教育基地和大量的革命胜迹、旧址、故居和文物等。运用红色文化上，通过建红色景点、编红色书籍、搭红色文艺舞台，盘活红色资源；通过组织红色文体活动寓教于乐、开展红色教育活动启发感悟、开辟红色专栏环境熏陶，传播了红色文化。各级党委、政府高度重视、社会各界关心支持、激发军地热情，在开展红色实践活动上取得好的实效。

民族文化方面。拥有众多少数民族和丰富多彩的民族文化的云南，具有发展民族文化产业的得天独厚优势。1996年，云南省委提出"建设民族文化大省"。2000年12月，云南省出台了《云南民族文化大省建设纲要》。2001年12月，在云南省第七次党代会上，"建设民族文化大省"被列为全省经济社会发展的三大目标之一。云南省委、省政府先后颁布了《云南民族文化大省建设实施方案》《云南民族文化大省建设"十五"规划》等指导性文件，省人大在全国率先颁布了《云南省民族民间传统文化保护条例》。各州（市）、县（市、区）也纷纷行动起来，积极开展本地区民族文化资源的调查和参与民族文化大省建设规划的制定工作，先后制定颁布了一系列规划、意见、设施方案，促进了云南民族自治地方的文化事业发展。

边塞文化方面。边塞文化，是指历代边防军民在捍卫领土主权、维护边境安全、促进边疆地区和谐发展过程中创造出来的物质财富和精神财富的总和，是边疆军民赖以生存和持续发展不可或缺的灵魂。云南富有特色的边塞文化是群众、官兵和边防的感情与纽带，是边疆群众和官兵的情感归宿。积极挖掘和利用边塞历史，让人们在回眸历史、缅怀先烈的氛围中增强民族自尊心和卫国戍边的光荣感、自豪感。挖掘和利用边塞典故，作为弘扬民族精神的活教材，不断催生坚定信念、忠诚戍边的报国热情。诵读边塞诗词，挖掘其中的爱国主义精神养分，激发精忠报国的豪情壮志和勇于牺牲奉献的崇高精神。注重爱国主义精神的培育，教育引导官兵积极适应艰苦的环境和恶劣的气候，并转变为对祖国大好河山的热爱和赞美，从而使官兵们稳定思想，升华境界，从心底里热爱祖国边疆，热爱边疆人民。坚持把民族文化融入边防文化之中，云南边疆少数民族地区有着悠久的历史和灿烂的文化，边防文化建设充分尊重各民族的宗教信仰、风俗习惯、传统工艺等不同特点，学习、挖掘、保护和弘扬民族文化，增强民族、军地之间的文化吸引力，以文化的彼此认同和相互融合增进军地军民感情。云南富有特色的民族文化、军营文化、边防文化是群众、官兵和边防的感情与纽带，是边疆群众和官兵的情感归宿。云南边疆民族地区边防文化建设牢固树立军民融合发展的思想理念，把边防文化自觉融入到社会主义先进文化中去，与地方形成合力。提高文化资源的利用率，借助地方新兴媒体、现代手段，利用爱国主义教育基地、国防教育基地以及现代传媒等阵地，搭建新载体、拓展新领域、创造新形式，做到资源共享，共建互用。积极挖掘和利用云南边防历史、民族团结发展史，让人们在回眸历史、缅怀先烈的氛围中增强民族自尊心和卫国戍边的光荣感、自豪感。挖掘和利用民族文化，作为弘扬民族精神的活教材，不断催生坚定信念、忠诚戍边的报国热情。大力弘扬新时期军营文化，挖掘其中的爱国主义精神养分，激发精忠报国的豪情壮志和勇于牺牲奉献的崇高精神。利用云南边疆独特的自然景观和浓郁的民族风情，丰富边防文化生活，陶冶思想情操，密切军民关系。同时，积极拓展界碑文化、国门文化、哨所文化，丰富边防文化内涵，传承戍边精神。

（三）云南军民在守边固防中的生动实践是边防文化建设的根本来源

边防文化建设的主体是边疆各少数民族和边防守卫力量，边防文化建设离开了人的实践将变成无源之水、无本之木，将失去生机与活力。我国有着悠久的边防斗争历史，从古代的"边陲之戍，用保封疆"，到今天大纵深、全方位、多功能的"大边防"；从千百年前的长城、关隘、烽燧、边塞，到今天的界碑、哨卡、铁丝网、巡逻路以及现代化的武器装备和信息化的管控设施；从古代令匈奴闻风丧胆的飞将军李广、慨叹着"匈奴未灭，何以家为"的霍去病和宁愿捐躯疆场、"马革裹尸"的班超，到新中国一代又一代数十年如一日，驻守边关、默默奉献的"老高原""老边防""老海岛"。厚重的中国边防史，书写的是一代代戍边人献身使命、报效祖国的赤胆忠心和坚定信念，镌刻的是历代戍边人抵御外侮、守卫疆土、建设边疆的丰功伟绩，颂扬的是边疆各族军民同仇敌忾、保家卫国的炽热情怀，铭记的是边防官兵以苦为荣、坚忍不拔的奋斗历程。中国边防史，就是历代边防官兵热爱祖国、誓死守卫国土的忠诚史，无私无畏、甘愿吃苦牺牲的奉献史和不畏艰险、勇于战胜困难的奋斗史。在这漫长艰苦而辉煌的历程中，特别是新中国成立后，孕育了以老山精神为代表的边防精神，像一条薪火相传、生生不息的精神源流，汇聚成为无坚不摧的精神力量和弥足珍贵的精神瑰宝。从这个意义上说，边防精神是边防斗争实践的光辉结晶，丰富的边防实践历史，既是锤炼边防精神、凝结边防精神的历史，同时又是贯穿边防精神和弘扬边防精神的历史。在历史上，云南各族人民共同开拓了疆土，创造了灿烂的文化，共同抗击了外敌入侵，以鲜血和生命捍卫了祖国主权的独立和领土的完整，为边防文化形成和发展提供了活水源头。云南是中华人民共和国成立战事最多、持续时间最长的边疆省份，对经济社会发展带来很大影响，和平来之不易，现在边疆形势依然复杂，给边疆地区和平安宁带来严峻挑战。改革开放以来，随着云南边境口岸和边境县、市的开放，出入境人员明显增多，一些敌对势力、民族分裂分子和不法商贩利用口岸偷运武器、走私贩毒，从事分裂破坏活动时有发生。在这种情况下，云南军民积极建设边防文化，有效地巩固和稳定边防，把民族宗教问题解决好，把边疆少数民族地区建设好，做好宣传群众、发动群众和组织群众的工作，把各族群众的爱国主义热情进一步激发出来，真正形成党政军警民联防共守边疆的格局，共同承担守疆卫土的光荣重任，筑起一道坚不可摧的边防长城，也为边防文化建设提供了鲜活生动的实践来源。

# 九、云南边疆民族地区边防文化建设存在的问题及原因分析

经过长期实践,云南边防文化建设取得了长足的发展,获得了许多宝贵的经验,但是,面对国际国内的新形势、国家利益的新拓展、未来发展的新趋势,云南省边防文化建设还存在一些问题和不足。

(一)存在的问题

1. 思想上不够重视

边防文化建设是边防工作的重要方面,必须党、政、军、警、民密切配合,紧贴边疆民族地区的实际,统筹建设、科学规划。在实践中,云南边防文化建设虽然推出了一批文化产品,培养了一定规模的文化人才,形成了有影响的文化品牌;但是边防文化建设仍然存在重视不够、发展不平衡的问题。有的地方领导思想上不重视,认为边防文化建设是部队的工作,没有把边防文化建设上升到文化自信、文化安全的高度来认识和推进。有的认为边防文化建设就是下发文体器材、组织文艺表演,把边防文化建设简单化;边防文化建设在军地间、地区间、部门间发展不平衡,各自为政的现象还一定程度的存在。

2. 基础设施建设比较滞后

边防文化基础设施是边防文化建设的主要依托和载体，在边防文化建设过程中，基础设施有一个建设与使用的问题，建设是为了使用，使用得当可以提高其价值，使用不当会影响其建设。云南边防经历战事多，边疆地区发展起点低，起步较晚，历史欠账多，边防文化基础设施相对薄弱，还不能满足边疆地区人民群众和广大官兵的实际需要。边防文化建设，一方面存在资金投入不足，基础设施建设标准低，设施设备贫乏等问题。边防文化体系建设是需要不断投入的事业，需要政府公共财政资金连续不断地投入。当前我国只有大约0.3%~0.4%的公共开支用于公共文化的投入，而发达国家的这一占比通常大约是1%。[①]虽然发达国家的标准不一定科学，但与这一标准相比，中国的公共文化投入占全部公共开支的比例还有很大增长空间。而且受一些领导政绩观的影响，边防文化建设投入更少。有的学者指出当前中国公共文化服务体系建设中存在"三重三轻"，即在对待经济与文化，文化事业与文化产业，公共文化服务硬件与软件时，重视经济、文化产业和服务硬件建设而轻文化、文化事业和文化服务软件建设。[②]这是当前边防文化建设严重滞后的主要原因。另一方面又存在已经建成的边防文化基础设施和配置的设备利用不充分甚至闲置的现象，导致本来就稀缺的边防文化资源浪费。具体来讲，在云南边疆民族地区图书馆、文化馆、综合文化站、文化信息资源共享工程等文化基础设施还不能完全满足边防文化发展的需要；图书、影视、信息等边防文化资源还比较缺乏；边防文化基础设施体系不够健全，功能没有得到全面发挥；边防文化事业发展缓慢，服务水平相对较低，经营性文化产业尚未繁荣，甚至缺失；边防文化活动单一，文化的凝聚力还有待进一步增强。

---

① 章建刚,毛少莹,张晓明.改革务实[A].在科学发展观指导下推进我国公共文化服务体系建设.李景源,陈威主编.中国公共文化服务发展报告(2009)[C].北京:社会科学文献出版社,2009:11.

② 张贺.打一场文化体制改革的攻坚战(人民观察)[EB/OL].http://culture.people.com.cn/GB/15343950.html从"七一"讲话看新使命新任务.

### 3. 多种文化的融合还不够

推动边防文化与民族文化、军营文化相互融合，对于加强云南边防建设、保证边疆巩固安全、维护边疆繁荣稳定、促进社会和谐发展具有重大而深远的现实意义。当前，在建设市场经济的大背景下，少数同志进入"市场"忘了"战场"，对于边防文化建设有的只挂帅不出征，履职尽责意识有所淡化，有的认为文化建设对经济建设的贡献率不大，短期内难以产生明显的经济效益，把边防文化建设边缘化、虚化。在多种文化的融合中，不同程度存在军民各立的观念壁垒、自成体系的传统做法、自我封闭的思维定式，严重制约着文化融合的深度发展。尤其在云南边疆民族地区，经济落后、资源匮乏，军地边防文化资源配置普遍存在优化不了、融合不好、效益不高的现象。

### 4. 边防文化活动参与程度不高

当前边防文化建设中存在的一个问题是，虽然现有的边防文化基础设施不多，提供的服务有限，文化活动较少，但边疆民族地区群众接受边防文化的积极性不高，参与边防文化活动比较少。边防文化建设的主要内容是边防文化活动，包括各种群众性文化艺术表演，手工艺品展示、比赛、书画创作比赛等，边防主体和边疆民族地区人民群众参与文化活动可以在活动中感受边防文化艺术氛围，接受文化教育，提高文化和思想道德素质。但很多文化活动在边疆民族地区很难组织起来。很多村建起了农家书屋，但真正到里面看书和借书的人却十分有限，很多村庄的书屋成为一种摆设。很多时候进书屋借阅图书都几乎成为了另类，村民的借阅习惯和观念还要积极进行培养。有的农家书屋有专人管理，管理人员还要亲自动员群众到书屋里借阅。

### 5. 边防文化的内容与需求脱节

改革开放前，由于经济发展和技术的限制，边疆民族地区文化娱乐项目较少，因此无论是电影、戏曲等文化活动的内容如何，形式如何都会吸引群众积极参与，但现在边疆民族地区人民群众的文化娱乐条件已经发生很大变化，群众的文化娱乐形式和选择已经发生了质的变化，群众的文化教育水平和文化艺术修养得到了很大提高，因此，边防文化的内容必须与时俱进，根据受众的实际变化选择合适的和有吸引力的文化艺术内容提供给受众者。但是，当前有的边防文化内容和产品大都陈旧过时，比如许多边疆民族地区农村文化书屋、边防连队图书室里的图书报刊存在陈旧书刊的现象，有些图书看似很新但内容比较陈旧，图书更新落后于群众阅读需求更新。电影下乡的影片，有些还是十几年以前的影片，就是新近几年的电影群众也大都通过电视、影碟机或网络看过，与时代发展和生活实践相脱节，导致了服务与群众需求的错位。这种结果必然导致群众参与边防文化活动积极性下降。

（二）存在问题的原因分析

1. 思想上还有误区

有的地方职能部门，缺乏文化建设的意识，没有从国防建设与边防建设协调发展的高度来认识边防文化建设，片面地认为边防文化建设是效益不高，没有影响的工程。一些同志认为边防文化建设就是开开会、给点经费物资，必然导致行动上不积极。一些领导抓边防文化建设的思维还停留在宣传工作、抓文化设施建设、抓民族团结。有的单位和部门甚至还存在"利大大干、利小小干、无利不干""共享别人的资源可以，共享自己的资源不行""我的地盘我做主"等不良倾向。一些部队领导也存在认识偏差，有的还固守与边防文化建设不合拍的观念舍不得放，致使边防文化建设层次不高、深不进去、拓展不开，一些资源用到了不该管的事、不该养的人和不该守的摊子上。有些地方领导进行边防文化基础设施建设的真正目的不是为了提高服务的数量和质量而是政绩，只注重有形的建设，忽视无形的服务。基础设施是边防文化建设的载体，其价值在于以此为依托的文化服务，而不是一种形象。有的对项目建设不进行充分论证，结果导致一些项目建成后得不到使用。有些地方领导只注重硬性指标的完成，不注意其内容的开发，是当前部分边防文化服务基础设施空壳的主要原因。

2. 政策上还没有吃透

军地双向对接机制不完善，双方建设需求互不明确、潜力底数互不掌握、建设的维度互不清楚，部队所能和地方所能经常相互脱节、时有冲突。军队参与地方边防文化建设，有时还拿不准怎么参与建设、参与什么建设、谁来牵头建设、怎么评估建设等问题，尤其在当前大抓实战化训练的背景下，时间如何分配、资金如何筹措、人员如何安排等都没有明确规定，有的单位还停留在文艺演出、文化活动的层面上。地方同样也遇到一些掣肘，比如，技术、资金、人员参与边防文化建设，却遇到如何建设、哪些领域建设、建设到什么程度等难题，有的还停留在走访慰问、双拥工作的层面上。

3. 主体上责任不明

职责权力分散，缺乏统管职能主体。目前国家层面的边防文化建设管理的职能，大多分散在国务院各部委和军委相关部门，导致在规划建设、项目审批、资金管理、检查督导等方面的职能主体仍然不够清晰。地方层面，地方政府没有专门部门管理边防文化建设，部队的团以上单位也将相关职责赋予宣传部门，由于其架构和权限有限，在统筹军地各级各方推动边防文化建设方面的功能作用有限。边防文化建设投入资金使用效益不高的原因是统筹不够。由于存在形式主义，管理不够统一，使投入资金使用不能统筹安排，导致不同层级政府的投资建设重复。比如国家财政资助项目可能是县区已经进行过的，使县区级建设投入重复，或者是乡镇的投入建设与县区级财政项目重复。有些乡镇为了争取上级财政资金，申报时随便确定，资金投入不够集中。再就是资金投入使用后进度过慢，有些资金安排后两三年才开始正式建设，造成资金的闲置和浪费。其原因有的是前期准备工作不充分，有的则是由于后续管理工作不够重视使申请上级资金时承诺的配套资金不能到位，导致项目进展缓慢。①

4. 执行上不够有力

没有形成刚性执行和强势推进的合力,少数地方党委、政府或相关单位和部门搞不清楚边防文化建设的重要性,存在不知、不愿、不为的现象。有的部队不提需求,地方职能部门就不闻不问或听之任之,甚至上级有规定也不执行或执行不到位,有时往往要凭个人感情来推动工作。如在边防文化设施建设、边防文化人才培养、信息资源共享方面,有的单位和部门功利思想比较严重,存在"大利大融、小利小融、无利不融"的现象,很少考虑军事用途、国防建设和战时需求,导致工作缺位、设计缺陷,难以满足边防文化建设的需要。有的在部队战备训练紧张、地方发展任务较重时,边防文化建设就会缺乏领导关注,落实上打了折扣。有的执行起来缺乏监管、检查、评估,执行程度好坏不一,久而久之慢慢变成了做与不做、做好与做坏都无所谓的工作。

5. 边防文化建设的相关法律规定缺失

当前关于边防文化建设的相关法律制度欠缺,特别是关于财政投入的硬性约束机制不够完善。没有科学合理的、完善的法律制度约束,政府财政投入人为影响较大,会过于投入到一些与边防建设不很密切的方面,边防文化建设财政预算得不到执行。在公共财政紧张的情况下,资金的投入更没有保障。虽然改革开放以来法律政策有了很大进步,政府财政体制也正朝向公共财政制度转变,但在这一发展过程中法律法规和财政制度不健全是必然的,这都会导致对边防文化建设的投入不足。比如,边疆民族地区农家书屋的建设与配套标准是每一个农家书屋供借阅的图书不能少于1000册,报刊不能少于30种,还有电子音像制品等,建设的时候要按照标准建设,但建成后,图书应该不断更新,而不能保持图书种类不变,但法规制度并没规定如何保证,每年必须更新多少,如

---

① 黄强.切实推动基层文化事业建设快速发展[A].林启主编.2006年厦门文化体制改革与文化发展蓝皮书[C].厦门:厦门大学出版社,2007:61,64.

何更新，资金来源保障等，没有具体有效的责任追究制度，这样没有法律制度的硬约束，资金的投入就很难到位。有时上级规定了每年要增加多少器材，图书更新必须达到什么要求，但执行不力，规定形同虚设，相当于没有规定。有时就是上级财政可以转移支付一些用于边防文化建设的资金，但由于地方的配套资金不到位，也起不到什么作用。这些都影响到边防文化建设的进程。

# 十

# 加强云南省边疆民族地区边防文化建设的对策与思考

党的十九大报告指出,没有高度的文化自信,没有文化的繁荣兴盛,就没有中华民族的伟大复兴。中国特色社会主义进入新时代,文化建设应乘势而上、全面提速,坚持中国特色社会主义文化发展道路,激发全民族文化创新创造活力,建设社会主义文化强国,不断铸就中华文化新辉煌。"一个没有精神力量的民族难以自立自强,一项没有文化支撑的事业难以持续长久。"党的十八大以来,习近平总书记就文化建设发表了一系列重要论述,内容涉及优秀传统文化的继承和弘扬、社会主义核心价值观建设、文化体制改革等多个层面。云南边疆民族地区边防文化建设必须以习近平新时代中国特色社会主义思想为指导,深刻把握云南边防文化建设的特点规律,不断提升边防文化建设的地位和作用,充分调动军地双方合力,强化政策制度保障,使边防文化建设走上科学发展的快车道。

(一)坚定文化自信,科学筹划边防文化建设的顶层设计

没有高度的文化自信,没有文化的繁荣兴盛,就没有中华民族的伟大复兴。文化自信是民族自信的源头,历史文化传统决定道路选择。中华民族从5000年绵延不断的悠久历史中走来,创造出博大精深的中华文

化，孕育出世界上唯一没有断流的中华文明。党的十八大以来，以习近平同志为核心的党中央站在时代高度，提出了一系列关系国家前途命运的重大战略，开启了中国改革开放和现代化建设的新征程。例如，"一带一路"倡议、"四个全面"战略布局、精准扶贫战略、军民融合发展战略、改革强军战略，等等。这些倡议战略，把握时代脉搏，体现时代特征，顺应时代潮流，对于国家的发展具有重大的统领和指导意义。其中，"一带一路"倡议、周边外交战略、西部大开发战略、精准扶贫战略、军民融合发展战略、改革强军战略等系列发展战略都聚焦云南，为云南实现跨越式发展提供了重大机遇。

一是"一带一路"倡议。党的十九大报告指出，要以"一带一路"建设为重点，坚持引进来和走出去并重，遵循共商共建共享原则，加强创新能力开放合作，形成陆海内外联动、东西双向互济的开放格局。云南处于古代南方丝绸之路要道，拥有面向"三亚"、肩挑"两洋"的独特区位优势，是"一带一路"建设中的重要省份。2013年9月和10月，习近平总书记在出访中亚和东南亚国家期间，先后提出共建"丝绸之路经济带"和"21世纪海上丝绸之路"的重大倡议。2015年3月，习近平总书记又在博鳌亚洲论坛2015年年会上描绘了"一带一路"的宏伟蓝图，我国制定并发布了《推动共建丝绸之路经济带和21世纪海上丝绸之路的愿景与行动》，明确指出，"一带一路"建设不是封闭的，而是开放包容的；不是中国一家的独奏，而是沿线国家的合唱；这是一条互尊互信之路、合作共赢之路、文明互鉴之路。这一战略构想，是习近平总书记着眼世界多极化、经济全球化、文化多样化、社会信息化，立足世情国情，为推进"四个全面"战略布局、实现"中国梦"奋斗目标，促进国家战略全方位发展提出的重大战略举措。"一带一路"倡议，是以亚洲国家为重点方向，以陆上和海上经济合作走廊为依托，以交通基础设施为突破，以建设融资平台为抓手，以人文交流为纽带，贯穿亚欧非大陆，东连亚太经济圈，西进欧洲经济圈，涉及60多个国家、44亿人口，旨在打造世界上跨度最大、覆盖面最广的新兴经济体。其战略目标是打造政治互信、经济融合、文化包容的利益共同体、命运共同体和责任共同体；秉持理念是和平合作、开放包容、互学互鉴、互利共赢；基本原则是共商、共建、共享，积极推进沿线国家发展战略相互对接；基本途径是通过政策沟通、设施联通、贸易畅通、资金融通、民心相通等多种措施并举，促进和谐发展，有效管控风险，为国家战略崛起创造有利的内外环境。为此，中国发起创办亚洲基础设施投资银行，设立丝路基金，举办首届"一带一路"国际合作高峰论坛、亚太经合组织领导人非正式会议、二十国集团领导人杭州峰会、金砖国家领导人厦门会晤、亚信峰会。倡导构建人类命运共同体，促进全球治理体系变革。"一带一路"建设，不仅在经济建设方面有强大的带动作用，对国家安全方面也提出了新的要求。要求在国家安全方面，坚持总体国家安全观、提升国家安全战略能力；必须全局谋划，统筹国际与国内安全发展大局、兼顾陆上和海上两个发展重要方向、有效管控风险和危机；必须主动进取，优化安全战略环境、紧随利益延伸推动军事力量"走出去"、注重军民融合深化安全战略合作、着眼实力支撑增强安全战略能力。

二是周边外交战略。2013年10月24日，习近平总书记在周边外交工作座谈会上强调，无论从地理方位、自然环境还是相互关系看，周边对我国都具有极为重要的战略意义。自就任国家主席以来，习近平约一半的出访次数留给了周边外交，经略周边外交成为新时期中国外交的突出重点。思考周边问题、开展周边外交要有立体、多元、跨越时空的视角。要谋大势、讲战略、重运筹，把周边外交工作做得更好。我国周边外交的战略目标，就是服从和服务于实现"两个一百年"奋斗目标、实现中华民族伟大复兴，全面发展同周边国家的关系，巩固睦邻友好，深化互利合作，维护和利用好我国发展的重要战略机遇期，维护国家主权、安全、发展利益，努力使周边同我国政治关系更加友好、经济纽带更加牢固、安全合作更加深化、人文联系更加紧密。我国周边外交的基本方针，就是坚持与邻为善、以邻为伴，坚持睦邻、安邻、富邻，突出体现亲、诚、惠、容的理念。2014年9月，习近平总书记访问印度时，在印度世界事务委员会发表题为《携手追寻民族复兴之梦》的重要演讲，他再次强调，"我们提出了亲、诚、惠、容的周边外交理念，就是要诚心诚意同邻居相处，一心一意共谋发展，携手把合作的蛋糕做大，共享发展成果。"东南亚和南亚是我国周边外交的重要支点，云南具有联通东南亚和南亚的地缘优势，必须把握机会，加强对外交往工作，包括对外军事交往工作，为国家战略发展做好服务。

三是西部大开发战略。党的十九大报告指出，强化举措推进西部大开发形成新格局。实施西部大开发，是党中央、国务院关于促进我国各地区经济协调发展，推动国民经济持续增长，最终实现共同富裕的重大战略决策，这是涉及我国现代化建设全局，惠及子孙后代的大事，是一项长期的、艰巨的任务。2000年初，党中央、国务院对实施西部大开发提出明确要求，西部大开发拉开帷幕。党的十七大明确提出，要继续实施区域发展总体战略，深入推进西部大开发。2010年7月6日，中共中央、国务院在北京召开西部大开发工作会议，强调当前和今后一个时期，深入实施西部大开发战略，要集中力量解决全局性、战略性、关键性问题，重点做好以下工作：（1）坚持夯实基础，进一步提升发展保障能力；（2）坚持协调发展，进一步调整产业结构；（3）坚持为民谋利，进一步保障和改善民生；（4）坚持改革开放，进一步增强发展动力和活力；（5）坚持和谐发展，进一步维护社会和谐稳定；（6）坚持大局意识，进一步加大支持力度。随后，中央印发《关于深入实施西部大开发战略的若干意见》，对今后10年西部大开发明确了三大战略定位，即在我国区域发展总体战略中具有优先地位，在构建社会主义和谐社会中具有基础地位，在可持续发展中具有特殊地位。云南应当抓住深入实施西部大开发，力争改善云南的基础设施、工业体系，加强社会建设和生态文明建设。

四是精准扶贫战略。党的十九大报告强调，坚决打赢脱贫攻坚战。要动员全党全国全社会力量，坚持精准扶贫、精准脱贫，坚持中央统筹、省负总责、市县抓落实的工作机制，强化党政一把手负总责的责任制,坚持大扶贫格局,注重扶贫同扶志、扶智相结合,深入实施东西部扶贫协作,重点攻克深度贫困地区脱贫任务,确保到2020年我国现行标准下农村贫困人口实现脱贫,贫困县全部摘帽,解决区域性整体贫困,做到脱真贫、真脱贫。2015年6月18日,习近平总书记在贵州召开部分省区市党委主要负责同志座谈会上提出的"六个精准":扶持对象精准、项目安排精准、资金使用精准、措施到户精准、因村派人精准、脱贫成效精准。2015年10月16日,习近平总书记出席"2015减贫与发展高层论坛",发表了《携手消除贫困促进共同发展》的主旨演讲,强调"全面小康是全体中国人民的小康,不能出现有人掉队。未来5年,我们将使中国现有标准下7000多万贫困人口全部脱贫。"他强调,现在中国在扶贫攻坚工作中采取的重要举措,就是实施精准扶贫方略,找到"贫根",对症下药,靶向治疗。我们坚持中国制度的优势,构建省市县乡村五级一起抓扶贫,层层落实责任制的治理格局。云南是扶贫工作的重点地区,革命老区、边疆地区、边远山区、民族地区的贫困现状还很严重,必须把握这一机遇,认真抓好扶贫工作,为边防文化建设打下良好的经济基础和社会基础。

五是军民融合发展战略。党的十九大报告指出,坚持富国和强军相统一,强化统一领导、顶层设计、改革创新和重大项目落实,深化国防科技工业改革,形成军民融合深度发展格局,构建一体化的国家战略体系和能力。习近平总书记2015年3月12日在出席十二届全国人大三次会议解放军代表团全体会议时强调,"把军民融合发展上升为国家战略,是我们长期探索经济建设和国防建设协调发展规律的重大成果,是从国家安全和发展战略全局出发作出的重大决策。"我国军民融合发展刚进入由初步融合向深度融合的过渡阶段,还存在思想观念跟不上、顶层统筹统管体制缺乏、政策法规和运行机制滞后、工作执行力度不够等问题。要坚持问题牵引,拿出思路举措,以强烈的责任担当推动问题的解决,正确把握和处理经济建设和国防建设的关系,使两者协调发展、平衡发展、兼容发展。习近平总书记指出,今后一个时期军民融合发展,总的是要加快形成全要素、多领域、高效益的军民融合深度发展格局,丰富融合形式,拓展融合范围,提升融合层次。要强化大局意识,军地双方要树立"一盘棋"思想,站在党和国家事业发展全局的高度思考问题、推动工作,做到责任到位、措施到位、落实到位。要强化改革创新,着力解决制约军民融合发展的体制性障碍、结构性矛盾、政策性问题,努力形成统一领导、军地协调、顺畅高效的组织管理体系,国家主导、需求牵引、市场运作相统一的工作运行体系,系统完备、衔接配套、有效激励的政策制度体系。要强化战略规划,拿出可行办法推动规划落实,加强督导检查、建立问责机制,强化规划刚性约束和执行力。要强化法治保障,善于运用法治思维和法治方式推动军民融合发展,充分发挥法律法规的规范、引导、保障作用,提高军民融合发展法治化水平。

六是改革强军战略。习近平总书记紧紧围绕加快把人民军队建设成为世界一流军队这一重大课题,精细定略、科学布局,逐步形成了政治建军、改革强军、科技兴军、依法治军的强军兴军方略布局,为全面提高国防和军队现代化水平制定了战略方针,为实现党在新时代的强军目标、建设世界一流军队确立了基本路径。改革强军是锻造世界一流军队之骨。世界军事革命史表明,在军事革命中走在前列的军队,往往都能称雄一时。适应世界新军事革命的发展要求,大力推进改革强军,设计和塑造军队未来,谋的是民族复兴伟业,布的是富国强军大局,立的是安全与发展之基。习近平总书记把军队改革放在全面深化改革的背景下来思考和认识,党的十八届三中全会,把国防和军队改革作为单独一部分写入《决定》,表明了深化国防和军队改革的坚强决心。2015年11月24日至26日,在中央军委改革工作会议上,习近平总书记纵览时代发展大势,把握我军建设所处历史方位和发展方向,鲜明提出全面实施改革强军战略、坚定不移走中国特色强军之路,深刻阐明了国防和军队改革一系列带根本性方向性全局性的重大问题,为改革强军提供了科学指南和根本遵循。习近平总书记把国防和军队改革作为实现中国梦强军梦的时代要求,作为强军兴军的必由之路、决定军队未来的关键一招,彰显了党的领袖、军队统帅着眼强国强军谋划改革、以深化改革助推中国梦强军梦的雄韬伟略和洞察大势变革图强的历史担当，立起了新的时代标杆。适应改革强军战略，服务于国防和军队改革各项工作，搞好指挥体系调整、部队转隶、边防体系调整、人员分流安置等各项工作；搞好军队作战指挥体系、国防动员指挥体系和当地政府应急指挥体系衔接融合，提高军地协同应急处突效益。

国家由大走向强，对云南边疆民族地区边防文化建设提出了新的更高的要求。云南边防文化建设，要主动服务和融入国家发展大战略，认清云南的地位作用，认清云南边防的重要意义，认真思考现实与可能、当前与长远、国际与国内方面的建设要求，乘好国家大战略的"东风"，把握大局、判明趋势、听令而行、顺势而动，立足省情，主动作为，以高度的文化自觉、强烈的文化自信和执着的文化自强，研究新情况新问题，科学筹划建设方案，盘活军地文化资源，不断提升边防文化建设的层次和水平。要从促进经济社会科学发展、服务部队战斗力生成、保持云南社会和谐稳定的高度筹划边防文化共建，处理好地方发展与部队发展的关系，兴边富民与强边固防的关系，把顶层设计与自主建设统一起来，把当前建设与长远发展统一起来，实现边防文化建设、经济社会建设、部队建设整体推进、相互促进、协调发展。

准确把握"一带一路"倡议背景下云南的战略地位。从区位视角看：云南是通向东南亚的大通道。云南处于中国与南亚、东南亚对外开放的通道上，与缅甸、老挝、越南三国接壤，内接西藏、四川和贵州、广西，是我国通往东南亚、南亚最便捷的陆上通道，也是我国唯一能够通过"三路"（水路、公路、铁路）进入环印度洋和环太平洋的省份。自古以来，独特的地理优势使其成为"兵家必争之地"。具有"东连黔桂通沿海，北经川渝进中原，南下越老达泰柬，西接缅甸连印巴"的独特区位优势。在"一带一路"建设中，云南向东连接着长江经济带，向西连接着孟中印缅经济走廊，北面连接北方丝绸之路经济带，南下可连接21世纪海上丝绸之路，特别是随着已经开工和即将开工的大（理）临

（沧）、大（理）瑞（丽）铁路等交通枢纽的建设，将进一步密切云南同周边国家的交流合作。

从边疆视角看：云南是固疆安邦的重要区域。云南作为我国少数民族最多的省份，共有26个世居少数民族，同时，也是我国跨境民族最多的省份，在共计4060公里的边境线上就生活着16个跨境民族。另外，云南还与世界毒源地"金三角"毗邻，特殊的地理位置和错综复杂的社会环境使云南边疆地区的安全稳定增加了不确定因素。边疆地区除了发展经济，还肩负着固疆安邦的重任。进入21世纪之后，由于美国重返亚太、缅甸北部民地武冲突等危险因素给我国和平发展带来威胁。实施"一带一路"倡议后，积极开展边疆贸易，加强同邻国的沟通交流，密切往来，深化友谊与互信，促使发展成果共享，不断夯实和扩大共同利益，从而促进边疆地区的安全稳定。

从外交视角看：云南是我国发展同南亚、东南亚国家友好关系的纽带，由于受古时南方丝绸之路和历史渊源的影响，我国同云南周边的老挝、泰国、缅甸、柬埔寨、孟加拉国、斯里兰卡等国家有着深厚的传统友谊和良好的国家关系。特别是与云南毗邻的越南、老挝、缅甸，居住着16个跨境民族，各民族之间交往密切，感情深厚，他们具有共同的语言、文化习俗及历史渊源。长期以来的亲缘民族关系和民族群体之间的亲密接触，紧密地维系着云南与南亚、东南亚国家间的友好关系。特殊的民族情感和相互认同感，使云南在与这些地区进行民间交往、交流合作中具有得天独厚的优势。实施"一带一路"倡议后，这些优势将为我国同南亚、东南亚国家之间开展友好交流合作发挥更大的作用。

准确把握边防文化的精神特质。边防文化的内核是边防精神。云南边防主体在长期戍边卫国实践中，创造了丰富多彩的边防文化，形成老山精神为核心的边防精神，深入探寻和感悟，就会发现其中蕴含着能够体现当代边防主体本质和风貌的共有精神特质。一是铁心向党，忠诚边防的坚定信念。边防主体守的是边防线，过的是政治关。虽然身在遥远而漫长的边防线上，但始终铁心向党、胸怀祖国，平时听招呼，战时听指挥，关键时候不含糊。任何时候任何情况下都坚决听从党中央、中央军委指挥。走遍边防线，随处可以看见、听见"军魂""忠诚"的字眼和故事。许多边防部队和边境县乡开展的"千里边关党旗红"活动等，都体现了边防主体崇高的忠诚。二是寸土不让，捍卫边防的血性霸气。边防主体视使命高于生命。在边疆战争和边防勤务中，寸土不让，寸土必争，寸土不失；勇挑重担，勇猛顽强，任务面前毫不畏惧，强敌面前毫不示弱，边界线毫不退缩，每个哨所都是一个堡垒，每名官兵都是一枚钢钉。三是甘于牺牲，献身边防的价值追求。边防主体付出的牺牲奉献非同寻常，舍小家顾大家，献青春献子孙，敢吃苦能吃亏；耐得住寂寞，守得住清贫，抗得住诱惑；不计名和利，不计得与失，不计生与死。云南老山前线"亏了我一个，幸福十亿人"的响亮口号，都是牺牲奉献的有力见证。四是艰苦奋斗，建功边防的豪情壮志。边防部队大多驻守在深山密林，一代代官兵苦中不叫苦，苦干不苦熬，苦中有作为；不比条件比精神，不比硬件比软件，不比享受比贡献；战天斗地，艰苦创业，开拓进取，创造了惊天动地的伟业。五是精诚团结，巩固边防的大局观念。边防事务敏感复杂，涉及党政军警民多方，边防主体要牢固树立"大边防"观念，战略服从政略，军事服从政治，局部服从全局；军民一家人，军政一条心，军警一盘棋；同呼吸，共命运，心连心；尊重少数民族，执行民族政策，遵守群众纪律。边防部队要开展民族文化进军营，军营文化进村寨；学民族语言，唱民族歌曲，跳民族舞蹈，知民族风俗，交民族朋友活动，建立军警民联训、联勤、联防、联建、联动机制，促进边疆的发展和稳定。

（二）紧贴云南特色，统筹推进多种文化建设的相互融合

准确把握云南边疆民族地区的特点是提升边防文化建设水平的前提条件。云南是集"边疆、民族、山区、贫困"于一体的省份，在国家战略全局中地位重要、作用突出。云南国防历来是我国西南国防的重要组成部分。目前，云南集"大国博弈焦点区、利益拓展前沿区、维权维稳

热点区、反恐防暴重点区、多元文化冲击区、少数民族聚居区、民族宗教敏感区、自然灾害多发区"于一体，是我国安全形势最复杂的地区之一。云南边防建设必须尊重历史与现实、主观与客观、国内与国际方面的特点，科学谋划、系统实施。具体来看，有如下特点。

一是地缘价值的重要性。云南地处祖国西南边疆，与缅甸、老挝、越南三国接壤，是连接东南亚、南亚的重要陆上通道，是抵御外来入侵的重要屏障，自古就是兵家必争之地。云南古代的南方丝绸之路、茶马古道，近代的滇越铁路、滇缅公路，如今的泛亚铁路，都彰显了云南的战略地位。历史上诸葛亮南征孟获，大理国王段兴智抗击忽必烈，吴三桂率兵迎击清军。近代以来，护国军在昆明"首举义旗讨袁"，云南是红军长征的途经地，云南多次抗击英法日等帝国主义入侵，特别是在抗日战争中成为了接受国际援助的唯一通道和对日实施战略反击的重要方向。中华人民共和国成立后，云南经历了中缅边境勘界警卫、援越抗美、援老筑路和边境自卫还击作战等诸多战役和中越边境大扫雷等重大军事行动，是战事最多、持续时间最长、影响最大的边疆省份。从当前情况看，云南是牵动国家战略全局的重要侧翼，在国家整体战略中，云南虽然不是主要方向，但关联全局。云南可北上连接丝绸之路经济带，南下连接海上丝绸之路，是中国唯一可以同时陆上沟通东南亚和南亚的省份，具有连接三亚（东亚、东南亚、南亚）、沟通两洋（太平洋、印度洋）的独特区位优势，逐渐成为保卫国家战略通道的关键枢纽、拓展国家战略发展利益的重要门户。这就要求，建设通江达海的路网、广度覆盖的航空网、区域性国际化的能源保障网、安全可靠的水网和共享高效的互联网，着力提升云南连接相邻省份、周边国家的互联互通能力，打造成为我国睦邻外交的战略通道。

二是安全威胁的前沿性。云南是国家边防的前沿阵地，接壤国家多、边境线长、口岸多、跨境民族杂居等复杂的现实情况，使云南承担了巨大的边防压力。强边固防攸关大局、责任重大，事关国家安全发展大局的战略。云南既是抵御外来入侵的重要屏障，又是挫败敌对势力西化分化的前沿阵地，还是反分裂、反恐怖、维护社会稳定、打击跨国（境）犯罪的重点地区，更是打破美国遏制围堵、重塑战略格局的重要方向，渗透与反渗透、颠覆与反颠覆、分裂与反分裂的斗争十分尖锐，是我国安全形势最复杂的地区之一，长期呈现"内忧外患交织并存、多重威胁叠加共振"的特点。边境地区口岸、通道、便道众多，有的双方边民同宗同源、互市通婚，"三非"（非法入境、非法居住、非法就业）"五过"（过耕、过伐、过牧、过猎、过居）现象时有发生；"黄赌毒私特""拐盗抢"等违法犯罪活动屡禁不止；有的政局长期动荡，边境突发事件多，避战边民涌入、散兵游勇溃入、不法分子潜入等情况复杂，管控压力大。云南既是以达赖集团为首的"藏独"分裂势力从事分裂破坏活动的重要方向，又是新疆"三股势力"组织偷渡、潜逃境外的主要通道。发生在昆明的"3·01"暴恐事件，举国震惊。民族宗教问题敏感，社会环境复杂，经济发展后的群体性事件增多，维稳任务繁重。这些情况，要求对内构建保持社会稳定、民众安心的和谐网络，对外形成抵御外来干涉、侵略的安全屏障，必然带来云南边防建设头绪比内地省份多，领域比内地省份广，标准比内地省份高，从而增加了边防建设的难度。

三是地理环境的特殊性。云南省面积39.4万平方公里，属山地高原地形，兼有低纬、季风和山原气候的特点，山地高原约占全省总面积的94%，地势由西北向东南倾斜，是青藏高原的南延部分。境内地势高亢，地形复杂，地貌多样，气候多变，山高谷深、江河纵横、地势险峻，导致云南有"无灾不成年"之说。境内自然灾害有着分布广、频度高、种类多、损失重的特点，特别是地震、干旱、洪涝、泥石流、森林火灾更为突出，全省89%的地区可能遭受地震破坏。1970年至2015年间发生7.0级以上地震5次，造成约1.8万人死亡，境内还有易发山地灾害点2000余个，前几年的连续干旱更是让云南苦不堪言、备受损失。较多的自然灾害，对部队完成急难险重任务提出了更高要求。云南与当面国家的边界线犬牙交错、无天然屏障，一寨两国、一井两国、一界连三国的现象全国少有，边界情况的复杂程度也可说是边疆省份中最特殊的。这就要求，国防动员高效性、应急力量多元性、指挥管理的联合性，确保各类力量及时有效；同时，地理地质条件，也使基础设施、国防工程建设难度大、跨度远、投入高，损坏容易，维护困难。

四是经济发展的滞后性。边疆民族地区由于历史、自然和地理等因素的影响制约，经济社会发展水平相对滞后，具有"老、少、边、穷"等特点。2012年3月19日，国务院扶贫开发领导小组办公室在官方网站上公布了592个国家扶贫开发工作重点县名单，其中云南就有73个国家级贫困县，居全国第一。在全国14个连片特困地区中，云南就有4个（滇西边境山区、乌蒙山区、迪庆藏区、石漠化地区）。2015年底，云南贫困人口达661万，居全国第二位，其中边远少数民族贫困地区深度贫困人口有120.4万人。人口基数少，在外务工人员多，地方财政收入低，经费支持有限；大型厂矿、企业、院校等人口密集型单位较少，兵员数质量难保证；经济发展很不平衡，发展快的主要集中在昆明周边和主要城市周围区域。边疆民族地区国防建设本身相对落后，对经济、科技的需求和依赖不断增强，而云南自身经济条件又差距很大，兵员潜力、经济水平与所担负的边防建设任务不相适应，矛盾比较突出。这就要求，加强云南边防建设，必须因地制宜，对有限的人力、物力、财力资源实施科学编组，统筹考虑；同时，更加需要发挥艰苦奋斗、艰苦创业精神，敢于想办法、搞创新。

五是民族文化的多样性。云南是全国民族工作任务最重的省份之一，世居少数民族最多、特有少数民族最多、人口较少民族最多、实行区域自治民族最多（25个少数民族中，有18个实行区域自治）。云南总人口4500多万，其中少数民族人口1528万。26个世居民族中16个跨境而居，与邻国边民同宗同族、文化同源、语言相通，文化和血缘联系紧密。少数民族之间语言文字、文化禁忌、风俗习惯多样，基督教、伊斯兰教、佛教、天主教等多种宗教并存。这就要求，在边疆民族地区开展边防文化建设，必须高度重视民族工作和宗教工作，注意加强民族团结、宗教和谐和中外沟通协调，同时要依靠和相信少数民族群众，充分发挥边民人熟、地熟、语言通等优势。

六是生态安全的脆弱性。云南拥有独龙江、怒江、澜沧江、红河、珠江、金沙江6大水系，素以动物王国、植物王国、有色金属王国著称。有着丰富的水能资源、地热资源、煤炭资源和太阳能资源，全省水能资源可开发装机容量为9000多万千瓦，占全国的20.5%，居全国第二位。云南既是我国西南生态安全的屏障，也是生态环境较为脆弱敏感的地区。石漠化、水土流失、湿地保护、节能减排等任务艰巨。当前，全省正在按照习近平总书记成为"生态文明建设排头兵"指示要求，努力打造全国生态屏障建设先导区、民族生态文明传承区、制度改革创新实验区。生态的脆弱性，对于边防建设的影响：（1）开展国防基础设施和工程建设要增强生态安全意识，增加了论证约束和建设成本；（2）对部队执行多样化军事任务提供了更多的内容、更高的标准。

七是社会发育的复杂性。云南在中华人民共和国成立以前，呈现出多层次的社会形态差别，具有社会发展的活化石之称，存在着原始社会、奴隶社会、封建领主制及封建地主制等形态各异的社会制度，有的少数民族开始资本主义早期形态萌芽。通过党和国家正确的路线和方针政策，使云南少数民族从多种形态各异的社会制度，一同进入社会主义制度，实现了历史性飞跃。但是，云南教育发展落后，人口素质偏低，群众价值观念、生活方式都比较传统，现代视野不开阔、进取意识不强、法纪观念淡化的特征没有根本改变；社会组织还不健全，官方依附性强，发展存在不稳定性和不确定性，造成边防文化建设的治理主体数量偏少、素质偏低。

总之，云南地处边疆，民族众多、文化多元、经济落后、环境复杂、国防和军队建设任务比内地其他省份要艰巨得多。军队不仅担负确保边防巩固、边疆稳定的重任，还担负着抢险救灾、缉毒缉私、维护社会稳定和人民生命财产安全等多样化职能任务。这些，客观上增加了云南省抓边防建设、安全治理的难度。

加强云南边疆民族地区边防文化建设，要深刻把握边防文化发展规律，与时俱进将信息文化、网络文化、传媒文化等新兴文化融入边防文化，紧跟时代发展脉搏取其精华、去其糟粕、引导规范、推陈出新，使边防主体不盲从、不落伍，通过开放性教育引导打好意识形态领域的主动仗。要积极构建少数民族文化与中华民族文化的良性互动关系。在多民族国家，国家认同的构建不仅在于政治民主化、市场经济化的建立，更需要将不同民族的传统文化整合为国家共同体文化，以此来支撑其对国家的认同。对国家共同体文化的认同，是国家认同的重要组成部分。在中国，国家共同体文化就是中华民族文化，它是各民族文化的集大成，每个民族的文化都是中华民族文化的重要组成部分，每个民族都为中华民族文化做出了重要贡献。国家文化的建构，就是要构建少数民族文化与中华民族文化的良性互动关系，具体包括两个方面，一是各少数民族文化在国家民族文化政策以及相关制度的保障下，得以健康良性发展；二是各少数民族文化在国家的引导和塑造下上升成为对中华民族文化的认同，二者之间形成一个缺一不可，密切关联的有机统一体。

云南跨界民族地区多民族、多文化的社会聚落特征决定了其文化构成的复杂性，各民族在历史的形成过程中，由于不断的迁移、汇聚、分离、重合，逐渐形成了大杂居、小聚居的民族格局，并且都具有以血缘文化为基础的对本民族文化的认同；同时，新中国成立后，由于国家意识形态和主流文化的介入，以及各项民族政策的落实、社会现代化等原因，跨界民族地区少数民族的中华民族文化意识也逐渐得到加强。协调好两种文化之间的良性互动关系，促进两种文化的和谐发展，是加强中华民族文化建设的基础。

加强少数民族文化教育，保证文化的多样性。民族文化是各少数民族对民族共同体的想象和表征，同时也是民族内部相互认同的联系纽带。各少数民族独特的文字、语言、传统节日、婚俗、服饰、歌舞和宗教文化等，共同构成了其独具特色的少数民族文化。在云南部分跨界民族地区，由于地区经济发展和社会转型的加速，一些少数民族文化已经面临消失的危机。中央民族工作会议中指出，少数民族的非物质文化遗产，不能等到失去才去珍惜。要用去粗取精、推陈出新的方法弘扬和保护各民族的传统文化。因此，在那些民族文化逐渐衰弱的地区，在增强对中华文化认同的基础上加强其少数民族文化教育，保障文化多样性具有实际意义。

加强少数民族文化教育。在政策方面，需要着力打造少数民族文化发展的平台，通过举办商业性的文化活动和旅游业的促销等，来不断增强少数民族对其本身民族文化的自信心；在学校教育方面，基层政府应承担起扶持跨界民族地区基础教育的工作，并且将少数民族文化教育融入到基础教育中去，学校应积极争取资金，加强教师队伍建设，开办少数民族特色文化教育课程等；在财政方面，政府应该对保护少数民族文化方面给予一定财政扶持，逐步加大少数民族文化宣传费用，继续实行少数民族文化产业相关优惠税收政策，为少数民族文化发展创造有利条件，鼓励和扶持少数民族特色文化产业。不让一个民族认同其自己的文化是不正确的，民族文化认同与中华文化认同并不相悖。少数民族的传统文化是中华文化的重要组成部分，弘扬和保护优秀的传统文化是建设中华民族共有精神家园的重要内容。

加强中华文化教育，积极培养中华民族共同体意识。加强中华民族大团结，就是建立中华民族共同体的过程，建立中华民族共同体的关键，就是积极培养中华民族共同体意识，从长远和根本来看，就是要增强中华文化的文化认同。因此，加强中华文化教育，对于促进国家认同整合，具有重要意义。一是加强跨界民族地区普通话教育，即标准汉语的教育。人类交际过程中，最为重要的工具便是语言，社会群众语言的统一是社会自由广泛发展的重要条件。普通话是中国不同民族之间交流用的官方语言，加强普通话教育，有助于促进各跨界民族地区群众之间的相互交流；同时，语言更是思维的载体，在学习普通话的过程中，一个人的思维方式，思维习惯都会得到改变，使其对中华文化有更加深刻的认识。因此，跨界民族地区需要加强普通话教育，形成讲普通话的良好风气。二是加强中华民族历史教育。在我国2000多年的封建社会历史发展进程中，尽管曾多次出现过分裂割据、战乱纷争和动荡不安的政治局面，但最终都走向了统一，形成了多元一体格局下的统一多民族国家并沿袭至今。在此期间，由历代以儒家思想为核心而不断积淀形成的中华文化，曾发挥过十分重要的整合功能和历史作用，从一定意义上来说，近代以前中国便已初步形成了聚合与中华文化下的中华民族共同体雏形；从云南边疆民族地区具体情况来看，自公元前3世纪先秦时期楚国将领率部入滇后，自秦汉至元初约1500年间，尽管也曾经历无数次的战乱纷争和分分合合，但始终与内地封建王朝保持着密切联系、即使是南诏、大理割据西南一隅的500多年间，情况也是如此。及至元初忽必烈南征灭大理国并进而统一中国后，云南便长期稳定在封建国家版图之内，历元、明、清三代，进入近代以后，面对资本主义列强的侵略，云南各民族同胞经过奋起"救亡图存"的洗礼，尤其是经历了辛亥革命之后，到抗日战争期间，最终形成了对"中华民族"的普遍认同和一致共识。正是由于这样的历史现实，在云南边疆民族地区进行中华民族历史教育，让边疆少数民族在解读历史事件以及了解历史人物过程当中，激发其对于以中华民族文化为核心的中华民族精神的心理认同与理性追求。三是加强社会主义核心价值观教育。社会主义核心价值观是文化认同的基础，文化认同，最为核心的便是增加各族群众对社会主义核心价值观的认同；建构中华民族共有的精神家园最为重要的便是建设社会主义核心价值体系。党的十八大报告对我国社会主义核心价值观做出全新表述，即三个倡导，"倡导富强、民主、文明、和谐，倡导自由、平等、公正、法治，倡导爱国、敬业、诚信、友善"。在云南边疆跨界民族地区，由于特殊的地缘环境，受到了境外多元文化、多重宗教意识形态的冲击，用社会主义核心价值观引导边疆地区的文化建设，调节边疆地区文化发展的氛围具有重要意义，边疆跨界民族地区加强社会主义核心价值观教育，有助于提升各族群众对中华文化的认同，更有助于边疆跨界地区的和谐发展。

### （三）加强组织领导，加快形成边防文化建设的机制体系

中国特色社会主义进入新时代，文化建设应乘势而上、全面提速。边防文化建设机制是指为了保持文化不断繁荣发展，促进边防文化建设的目标和任务的实现，各要素相互联系、相互作用、相辅相成的运行方式，它是推动边防文化建设的动力系统，是一种把边防文化建设的主体、客体和环境等要素连接起来的中介。机制在云南边疆民族地区边防文化建设进程中发挥着根本性作用，构建充满活力的云南边疆民族地区边防文化建设机制体系是增强边防文化时代性、针对性和实效性的有力保证。云南边疆民族地区边防文化建设是社会主义先进文化建设的重要内容之一。从本质上讲，云南边疆民族地区边防文化建设的根本目的，就是要让边防守卫力量和人民群众认同马克思主义，坚定对中国共产党的信仰、对中国特色社会主义的信心，树立中国特色社会主义共同理想信念，确立正确的思想观念，形成科学的世界观、人生观、价值观、道德观、荣辱观、文明观，大力倡导社会主义核心价值观，强化牺牲奉献、爱国敬业、守边固防的思想基础。所以，云南边疆民族地区边防文化能为人民群众所接受，必须以其先进内容和形式感染人、说服人、激发人、凝聚人。

第一，建构理性认同机制。云南边疆民族地区边防文化只有转化为理性认同，才能达到文化发展的目的。理性认同机制是指边防文化要以其先进性说服、引导人民大众在已有知识、判断能力和价值观念的基础上达成理性共识，使其认同边防文化，并转化为自觉行动。云南边疆民族地区边防文化理性认同，就是在边防文化建设进程中，以先进文化的魅力激发、鼓舞和凝聚边境地区边防主体和人民群众。

坚持灌输原则，形成心理定势。文化的魅力永恒无穷，而文化只有深入人心才能产生巨大的凝聚力。边防文化如何才能深入边境地区人民大众的心里？首先必须进行灌输。云南边疆民族地区边防文化建设必须旗帜鲜明地坚持正面灌输，因为正面灌输是让人民大众知晓社会主义先进文化的前提。只有通过经常性的正面灌输，才能广泛深入地影响人民

大众，形成一种强大的心理定势，从而让人民大众在自觉与不自觉中接触、了解和接受其基本内容和要求，并转化为他们内在感受，进而成为他们在选择、接纳各种社会思潮时的信念和经验基础，为思想观念的质变做好准备。卢卡奇在论述历史与阶级意识时就说过，无产阶级的真正阶级意识只有通过灌输才能真正变成革命实践。列宁在论述灌输与无产阶级意识问题时指出："工人本来也不可能有社会民主主义的意识，这种意识只能从外面灌输进去。"① 灌输论在我们党建立无产阶级政权和社会主义建设过程中曾发挥了巨大的作用，它是赢得革命胜利的思想武器之一。当然，运用灌输方法的时候，必须注意灌输的方式方法，云南边疆民族地区边防文化建设是与现实生活密切联系的，进行灌输要做到经常性和灌输的生活性。

注重思想渗透，营造理性认同态势。渗透也是能够影响人民群众的方法形式之一。灌输和渗透是密切联系、相辅相成、相互促进、相互整合的有机统一过程。任何思想意识在个体接受和内化时，都离不开个体的亲身体验活动。因此，边防文化的理性认同得以可能，必须有目的针对性地进行思想渗透。只有通过经常性的正面灌输和坚持不懈的全面渗透，发挥其合力作用，边防文化才能被人民大众所感知、体验、感受、接纳、理解并掌握，使人民大众得以从内心认同，进而转化为外在的自觉行动。列宁曾经指出："德育要渗透于全部教育、教学活动中。"② 著名教育学家加里宁也认为，优秀的品德品质培养不能简单地借助于漂亮的说教或空洞的鼓动性喊叫，它们只能以同志间的交往为基础，在日常的看不见的影响下，在整个社会生活过程中深深地被渗透到意识中去。边防文化要能为人民大众自觉认同和身体力行，必须通过日常的社会生活进行全面的渗透，这样边防文化内容和要求才能潜移默化地渗透到人民大众思想意识中。

---

① 列宁选集(第1卷)[M].北京:人民出版社,2012:24.
② 中国大百科全书(教育卷)[M].北京:中国大百科全书出版社,1985:60.

第二，建构情感认同机制。情感认同是建立在认知认同基础上的，它一经形成就会对认知认同产生巨大的强化作用。情感认同的过程就是价值认知、价值评价、价值判断、价值选择的过程。情感认同机制是指建立在对边防文化认知认同的基础上，充分调动和激发人民大众需要、信心、信任、热情、激情、意志等积极情感因素，为人民大众认同边防文化铺垫一定的基础。人类不仅需要理性的东西，而且更需求情感等非理性的精神生活作为补偿。"情感是指人对待事物的肯定与否定、满意与不满意、喜爱与厌恶等态度的内心体验。"①情感是在认知基础上产生的，浓厚的情感来自于对事物真切的了解和深刻的认知，情感一经形成又会对认知产生巨大的影响，成为调节和控制认知活动的一种重要的内在因素。列宁曾经说过，没有"人的情感"就从来没有也不可能有对于真理的追求。当一个人对某个事物产生了感情，有了强烈的爱憎、好恶时，就会在其内心形成一种巨大的力量，推动他对事物采取追求或舍弃、赞美或反对、积极接受或消极抵制的行为。相反，如果一个人对某一事物产生憎恶，表现出冷漠的态度，缺乏必要的情感体验，他的认知就会停留在原始阶段，不能内化更就不可能转化为外在行动。云南边疆民族地区边防文化建设，运用恰当有效的方式方法，充分调动和发挥人民大众的信心、信任、热情、感激等情感因素，培养和激发人民大众的积极情感，比如爱国主义情感、集体主义情感、社会主义情感以及时代感、责任感、使命感、荣誉感、自信感、正义感等，对于增强对边防文化的认同显得尤为重要，是获得事半功倍效果的必由之路。

　　社会具有推动受众在情感上认同边防文化的功能。健康热烈的思想舆论氛围的形成，积极向上的社会风气的营造，各种精神文明创建活动的有效开展，各类社会媒体导向功能的正确发挥，能够形成一种合力强大的持久的社会态势。这种态势有力地推动了人民大众在情感上，进而在心理上感知和认同边防文化。邓小平曾强调："为了实现安定团结，

---

① 叶奕乾.普通心理学[M].上海:华东师范大学出版社,2004:241.

宣传、教育、理论、文艺部门的同志们，要从各个方面来共同努力。报刊、广播、电视都要把促进安定团结，提高青年的社会主义觉悟，作为自己的一项经常性的、基本的任务。"[1]同时，他还指出："我们衷心地希望，文艺界所有的同志，以及从事教育、新闻、理论工作和其他意识形态工作的同志，都经常地、自觉地以大局为重，为提高人民和青年的社会主义觉悟奋斗不懈。"[2]在云南边境地区积极营造良好的社会氛围，调动一切社会积极因素，形成一种强大的社会合力，促使人们在情感上认同边防文化是完全能够做得到的。

情感认同与理性认同相辅相成，相互促进，共同发挥作用。任何一种思想意识和价值观念的形成，都包含知、情、意、信、行诸要素，是知、情、意、信、行诸因素辩证发展的有机过程。没有正确而深刻的认知，难以激发相应的情感；没有一定的情感很难达到深刻的认知；没有认知与情感基础则难以形成坚强的意志和坚定的信念；没有意志过程，又很难将认知与情感过程转化为外在行为。云南边境地区实现人民大众对社会意识形态、道德品质和价值观念从自觉认同到外化为实际行动，首先必须让人民群众对边防文化有积极的认知，在此基础上才能产生真切情感，才能产生共鸣，进而坚定和强化自觉遵守与积极践行的意志力量，将内在愿望转化为外在实践行动，是人的主观能动性与积极性、创造性的生动体现。"就单个人来说，他的行动的一切源动力，都一定要通过他的头脑，一定要转化为他的意志的动机，才能使他行动起来。"[3]云南边疆民族地区边防文化建设，能够做到用真挚的情感去关心和呵护人民群众，主动与人民群众进行平等对话与交流，投入诚恳的情感，动之以情，晓之以理，以深厚的情感打动他们，那么他们定会以积极的情感进行回报，这会对他们的思想和行为的转化起到助推作用。

---

[1] 邓小平文选(第2卷)[M].北京:人民出版社,1994:255.

[2] 邓小平文选(第2卷)[M].北京:人民出版社,1994:256.

[3] 马克思恩格斯选集(第4卷)[M].北京:人民出版社,2012:251.

第三，建构激励机制。激励机制主要是指云南边疆民族地区边防文化建设要遵循人民大众的思想和行为发生发展的特点和规律，通过有效的方法，激发人民大众形成积极的心理推动力，鼓励他们在学习、工作和劳动中表现出高度的积极性、能动性和创造性的实践活动[1]。云南边疆民族地区边防文化建设必须充分整合和利用有效的社会资源，烘托出一种气势宏大的情境氛围，让人民大众在有态势氛围的自然环境和认知情境中受到影响，得到感染，接受启迪，从而在文化环境中获得熏陶。

"情""境"结合，形成态势。创造边防文化的一种宏大的态势，外部的"境"和内在的"情"要共同发生作用，产生一种共同效应。营造态势要对人民群众充满人文关怀，体贴入微关注和关心人民大众的需求。费尔巴哈曾说："信仰使人快乐，因为它满足了人的最主观的愿望。"[2]云南边疆民族地区边防文化建设，应该主动体现对人民群众的多方需求。人民群众是现实生活中一个个活生生的有血有肉的人，他们既有物质的需要，又有精神的需求。因此，边防文化建设离不开物质激励与精神激励，不能只讲物质激励而不讲精神激励，也不能只讲精神激励而忽视物质激励，充分信任和尊重人民大众，主动帮助他们实现自我价值，真心鼓励他们成就事业，及时关注他们的现实困难，体贴他们的身心成长，仔细了解他们的兴趣和爱好等。

发挥榜样的作用。榜样可以激发人民大众自尊、自勉、自强，以达到鼓舞和调动他们积极性、创造性，并保持边防文化的效果。对边防建设中涌现出来的优秀分子、模范人物等要给予及时的称赞、褒扬、奖励，以达到对优秀者的进一步鼓舞，推动他们做出更加突出的事迹，同时激发其他人的积极性、主动性、自觉性，从而达到鼓励先进，鞭策后进，引导全社会共同进步的目的；对于后进者，不要有悲观情绪，而要化被动为主动，从情感和交往入手，宣传普及者要主动与他们建立起真

---

① 陈秉公.思想政治教育学原理)[M].北京:高等教育出版社,2001:174.
② [德]费尔巴哈.基督教的本质)[M].荣震华译,北京:商务印书馆,1984:177.

挚、亲密的情感关系,以情动人,以情育人,春风化雨,感化他们的理论追求。榜样的力量是无穷的,榜样的示范作用和表率作用渗透在云南边疆民族地区边防文化建设各环节并能产生巨大的社会效应。

第四,建构利益互动机制。利益互动机制是指要以满足人民大众切身利益需求为出发点和落脚点,关心人民群众不断增长的利益需求,从而促使人民大众对边防文化的自觉认同和实际践行。司马迁说过"天下熙熙,皆为利来;天下攘攘,皆为利往。"①现实社会表明,利益是人的生存、发展和享受需求的满足。利益是人们经济社会关系的表现,正如恩格斯所说的"每一既定社会的经济关系首先表现为利益。"②人的利益需求的不断满足是人的一切思想和行动的根本动力。同样道理,利益追求是边防文化建设的前提基础和根本动力,只有实现了人民大众利益平衡和最大满足时,边防文化才能真正取得实效。我们所说的利益是多方面的,主要包括物质利益、政治利益、文化利益等,但主要指文化利益。马克思恩格斯指出:"人们奋斗所争取的一切,都同他们的利益有关。"③邓小平也曾经指出:"不重视物质利益,对少数先进分子可以,对广大群众不行,一段时间可以,长期不行。革命精神是非常宝贵的,没有革命精神就没有革命行动。但是革命是在物质利益的基础上产生的,如果只讲牺牲精神,不讲物质利益,那就是唯心论。"④思想决不能离开利益,"思想一旦离开利益,就一定会使自己出丑。"⑤思想是以利益为基础的,利益是思想的决定者和产生的根源。

边防文化建设的主体和客体都是人,其根本任务和目标是启发边防主体的自觉性,调动他们的积极性,激发他们的创造性。做好云南边疆

---

① 王继全,陆树程.和谐社会视阈中思想政治教育的利益原则)[J].毛泽东邓小平理论研究,2009(2).

② 马克思恩格斯选集(第3卷)[M].北京:人民出版社,2012:209.

③ 马克思恩格斯文集(第1卷)[M].北京:人民出版社,2009:187.

④ 邓小平文选(第2卷)[M].北京:人民出版社,1994:146.

⑤ 马克思恩格斯文集(第2卷)[M].北京:人民出版社,2009:8.

民族地区边防文化建设工作，必须把关心人民大众的利益满足作为出发点和落脚点。脱离人民大众的物质利益、忽视或者不重视人民大众物质生活水平的改善和提高，边防文化建设的效果就会大打折扣。为了让先进边防文化得到云南边境地区人民群众的普遍接受和认同，本质上要在维护党和国家利益的基础上，维护好边境地区人民大众的切身利益，始终关心个人、集体、国家和不同阶层或利益群体的根本利益的实现和价值追求的满足。

云南边疆民族地区边防文化建设，始终要把是否有利于维护和实现边境地区人民大众的切身利益作为根本价值评判标准，把关心和发展最广大人民的根本利益作为出发点和落脚点，体现党和国家利益、集体利益与人民群众个人利益等各方利益的统一，体现全局利益与局部利益、长远利益与现实利益的统一。这是因为人的积极性、自觉性和创造性的发挥是以其合理的利益需求得到必要的满足为前提和基础的。为此，我们既要防止边防文化建设与人民大众的切身利益相脱节的"两张皮"现象，又要克服只讲个人利益，不讲发扬革命精神，不讲实现个人利益与维护国家利益、集体利益相统一的片面性。

第五，建构制度保障机制。制度是一定社会中各种办事规程和人们行为的准则或规定，它为人们的社会行为提供秩序框架。简单地说制度就是一种规范。现实生活中，人们主要依靠这种规范来衡量和约束自己的行为。制度保障机制是指通过建立健全一整套有效的组织领导、监督管理、检查评估的体制机制和法规，切实保证边防文化建设有序有效推进。云南边疆民族地区边防文化建设取得实际效果，必然需要一整套完善的法规制度作为支持和保证，只有把边防文化建设融入科学有效的制度管理之中，才能使自律与他律、内在约束与外在约束有机结合起来，形成建设的良好氛围①。

制度建设是根本性建设。云南边疆民族地区边防文化建设是一个复

---

① 中共中央关于加强和改进思想政治工作的若干意见)[N].人民日报,1999-9-29.

杂的有机的社会系统工程,因而必须要依靠一整套完善的制度来保证。云南边疆民族地区边防文化建设的制度规范是指在文化建设过程中的工作方法、规定工作程序和效果的各种章程、守则、规程、规定、标准等。"制度问题带有根本性、全局性、稳定性和长期性。"①"没有规矩,不成方圆。"制度设置得好,效果就能得到很好的保证。反之,效果就不能得到保证。所以,完善各种规章制度和相关法规制度是保证和增强云南边疆民族地区边防文化建设实效性的必要措施。组织领导在制度保障机制中占有十分重要的地位。组织领导是指要坚持党对云南边疆民族地区边防文化建设的领导,必须牢牢掌握党对云南边疆民族地区边防文化建设的领导权、主动权和话语权。组织领导还指云南边疆民族地区边防文化建设要在党的领导下,统一协调和部署,统一动员和召唤全社会力量协同参与,充分调动各方面的积极性、主动性,形成强大持久的合力,并通过科学的职责分工,确保边防文化建设沿着预期的正确方向顺利推进。

如果说完善的制度建设是云南边疆民族地区边防文化建设有序有效推进的根本,那么强化监督管理是保证云南边疆民族地区边防文化建设的重要手段。对云南边疆民族地区边防文化建设进程进行监控、督导和管理,促使边防文化建设更有可能达到预定的目标。如果不讲监督,缺乏有效的监督机制作保证,文化建设成效会大打折扣,已经取得的效果也难以持久。强化监督管理就是要发挥社会各方的监督作用,通过揭露、批评有悖先进文化建设的言行及其他消极现象,帮助人民大众辨别是非曲直,按照社会主义先进文化的要求约束自己,养成正确的思想政治意识,陶冶个人道德品质,进而自觉进行世界观、人生观、价值观和道德观改造。法规制度保证也是云南边疆民族地区边防文化建设制度保障机制的重要组成部分,要建立和完善并运用相关的法律、法规以及规章制度,从法理上来保证和推动边防文化建设的有效推进,并以法律的形式保证和巩固边防文化建设的实际成效。

---

① 邓小平文选(第2卷)[M].北京:人民出版社,1994:333.

### （四）注重实践创新，不断提升边防文化建设的时代特色

党的十九大报告强调指出，实践没有止境，理论创新也没有止境。世界每时每刻都在发生变化，中国也每时每刻都在发生变化，我们必须在理论上跟上时代，不断认识规律，不断推进理论创新、实践创新、制度创新、文化创新以及其他各方面创新。创新是保持中国特色社会主义文化先进性的内在根据，也是建设创新型国家，推动社会持续健康发展的必然要求。先进文化的形成和发展，是一个依靠开拓创新拾阶而上的永恒过程。在全球化时代，中国先进文化只有不断创新才能繁荣发展，才能在人民群众当中建构创新意识，从而推动理论创新、制度创新、科技创新和其他领域的创新发展，才能体现其先进性价值，增强自身在国际社会的竞争力，以致在全球性的文化搏击中立于不败之地。文化创新是在把握国内外形势的基础上，立足我国社会主义现代化建设发展的需要，而对文化内容、形式做出的深刻变革，通过文化创新，能够使文化充满生机与活力，满足人们不断增长的精神生活的需要，增强人们的社会主义信念和信心，积极融入建设有中国特色社会主义的洪流中去，从而引领时代发展。边防文化建设创新包括理论创新、思维创新、方法创新等方面。所谓理论创新就是要求理论的内涵要与时俱进，不固守理论的条条框框，根据时代的要求，结合实际情况来发展理论。在推进云南边疆民族地区边防文化建设中，就要结合云南边境地区的实际情况，不断在实践的过程中发展边防文化。边界的历史，是国势强弱盛衰的晴雨表。如诗如画的云南边防，处处写满了抗敌御辱、富民兴滇、强边固防的故事。边防文化作为军事文化的重要组成部分，凝结着古往今来历代边防军人在戍边守防过程中创造的宝贵物质财富和精神财富，是国家边防的灵魂。新形势下，贯彻党和国家的文化育边方略，要坚持在继承优秀传统文化的基础上着眼时代特点，融入时代精神，坚持创新发展。要坚持以党的创新理论为指导，把握边防文化发展的正确方向，坚持不懈地用健康向上、催人奋进、丰富多彩的边防文化吸引广大官兵和各族人民群众，凝聚边疆军民，增强党政军警民合力强边固防，共同完成戍边

守防任务的信心和决心,为戍边守防创造良好的思想基础和文化氛围。要始终坚持和弘扬优秀传统边防文化魅力,用好边防文化创新发展的源头活水,从传统边防文化深厚的历史积淀中汲取精华,把传统边防文化中的中华民族优秀基因在当代传承发展。坚持研究新情况、新问题,面对云南边防可能出现的各种挑战,旗帜鲜明地弘扬边防文化主旋律,针锋相对地开展文化斗争,进一步加强文化自信,用先进边防文化占领军民的思想阵地,在积极应对挑战中推动边防文化事业发展。

云南边疆民族地区边防文化建设,必须坚持党的领导,保证正确的政治方向。云南边境地区人民大众科学文化知识水平较低,在边防文化建设的过程中,就要学会以人民大众容易接受的方法进行。边防文化是中国特色社会主义先进文化的重要组成部分,具有很强的政治要求,在实际工作中,理论创新、思维创新、方法创新要系统联系才谈得上真正的创新。但无论是哪一方面创新,至关重要的是必须以坚持党的领导为前提,保证正确的政治方向。中国共产党是我国社会主义事业的领导核心,代表中国先进文化的前进方向,代表中国先进生产力的发展要求,代表最广大人民群众的根本利益,中国共产党是中国工人阶级的先锋队,是中华民族的先锋队,是协调推进全面建成小康社会、全面深化改革、全面依法治国、全面从严治党,实现中国梦的重要保证。背离了党的领导,中国特色社会主义事业就会走上歧途,偏离中国特色社会主义发展道路。在具体方法上,云南边疆民族地区边防文化建设要突出时代性,采用具有时代特征的宣传普及方式。在云南边境地区不但要继续利用书籍、报纸、杂志等传统文化工具,还应当把现代化传媒对边防文化的快速、高效传播作用发挥出来。例如,发挥广播电视以及新兴的互联网、手机通讯、QQ、微博微信等已成为传播信息的重要载体作用,这些工具不但具有强大的传播能力,并且最为人民大众所喜爱。云南边疆民族地区边防文化建设应及时紧扣人民大众所喜闻乐见的现代化媒体,尤其是互联网这种传播信息量大、速度快、互动性强的传播方式,是青年一代最为欢迎的文化载体,要充分挖掘互联网在传播先进文化方面的优势和特点。

云南边疆民族地区边防文化建设方法创新上，要突出实践特色、民族特色、时代特色。要推动云南边疆民族地区边防文化建设，就是要在方法和内容两方面进行创新，并充分发扬各种现代媒介的效用。就是要紧密结合边境地区人民大众的实践、本民族的具体情况及其所处时代的特征，才能更好地为有中国特色的社会主义建设事业提供科学理论指导。方法创新上突出实践特色。理论来源于实践，与实践相统一的理论才真正具有生命力。云南边疆民族地区边防文化理论建设要把马克思主义中国化的文化理论与社会主义先进文化的建设实践牢固结合，在边防建设的实践中及时推动理论创新，关注边防文化发展问题，直面并解决现实问题。理论产生于实践并接受实践检验，只有接受了实践检验的理论才是科学的理论。云南边疆民族地区边防文化建设应大力推进文化建设事业的实践，在强边固防的实践中总结经验、提炼方法，在实践中丰富文化建设理论，方法创新上突出民族特色。

推动云南边疆民族地区边防文化建设必须突出民族特色，民族化的理论才能获得本民族群众的认可，脱离了民族，实际的文化则会被本民族群众所抛弃。推进云南边疆民族地区边防文化建设，一是要以实现中华民族伟大复兴中国梦这个民族使命为出发点和落脚点，将边防文化与中华民族的民族精神、民族历史、民族传统和现实国情等有机结合，形成具有民族特性的特色文化；二是要从云南边境地区各民族传统文化中吸收养分，把边防文化与各民族的民族文化特质、行为方式、价值取向等结合起来，形成适应于各民族风俗习惯、认知心理、文化传统的特色文化；三是必须立足于当代云南边境的具体实际，学习和吸纳各民族优秀传统文化的表达方式，恰当运用个性鲜明的民族风格、语言形式发展云南边疆民族地区边防文化建设。方法创新上突出时代特色。云南边疆民族地区边防文化建设方法上要突出时代特色，是先进文化的内在要求，也是边防文化建设题中应有之义。当前云南边境地区新情况与新问题不断出现，边防文化就必须解决边境地区的热点问题。另一方面，时代不同、民情不同，人民大众的利益需求也处于不断变化之中，那么推动云南边疆民族地区边防文化建设的一切方法必须始终与时代一致，代表不同时期人民大众的利益，并解决保卫边疆、建设边疆中面临的现实问题。

（五）着眼强边惠民，有效发挥边防文化建设的功能作用

国家文化安全是指，一个国家的文化主权神圣不可侵犯，其文化的传统、选择和发展必须得到尊重。文化的争夺尽管没有直接的武力冲突，也没有直接的对峙与拼杀，但却是一场没有硝烟的战争。"国家文化安全"问题是国家利益的一个重要方面。文化安全是国家安全战略的重要组成部分，是一个民族生存和发展的前提条件，是国家安全的灵魂性内容。文化安全的主要内容包括，保障、捍卫国家文化主权的独立性和自主性，防止自身文化价值体系及传统，特别是主流文化体系遭受外部和内部消极思想文化因素的影响、侵蚀、破坏和颠覆，从而能够更好地保持自己的文化价值，在自主、自愿的基础上进行革新，吸收和借鉴一切对自己有利的文化价值观念和文明生活方式，其中，意识形态选择权、文化的立法和管理权、文化传播和交流的独立自主权、文化的市场和制度等，是国家文化安全的核心内容，涉及国家根本利益。

文化安全在国家安全中占有重要的地位与作用。首先，文化安全可以提高国家综合安全度。文化作为一种"软实力"与发展国家的经济、科技、军事等"硬实力"的强弱息息相关。其次，文化的交流可以为国家取得良好的国际安全环境。在发达国家凭借强大的经济实力对其他国家进行文化渗透与扩张的情况下，要想维护国家文化安全，增强本民族文化与其他民族文化之间的对话与合作，对于一个国家获得良好的国际安全环境起着十分重要的作用。文化安全在国家总体安全中的地位是独特的，是军事安全、经济安全不可替代的。文化安全能为一个国家提供稳定的国际政治环境。

"文化安全"问题的提出，与全球化的出现及不断发展密切相关。

在世界历史形成以前，各民族、各国家处于封闭割裂状态，相互之间处于极其排斥状态，国家深层次上的文化安全问题也就无从存在。全球化出现以后，各国之间的交往日益频繁，国家之间形成了相互影响、相互依存的利益格局，文化上影响日益引起人们的关注，科技的发展为文化的流通提供了强大的技术支持，同时也是西方国家强力推行自己意识形态、价值观念和生存方式的强效手段。强势文化对弱势文化体系的渗透、侵蚀甚至是颠覆，使得文化安全日益成为各国安全首要考虑的问题，并引起全世界的关注。文化成为国际竞争的利器，文化权力正日益受到重视，文化安全成为国家民族存在、稳定、发展必不可缺的精神前提和屏障。因此，中国特色社会主义文化建设要把维护国家文化安全置于突出地位，并采取切实可靠的措施应对存在的文化安全问题。

在维护国家文化安全的大背景下，面对多元思想和多种价值取向的冲击，面对艰苦自然环境和艰巨戍边任务的考验，边防文化是戍边主体抵御侵蚀的心理防线。要发挥边防文化的指引功能，引导边防主体树立高尚道德情操、升华思想境界，提高知荣明耻、明辨是非的能力，牢固树立正确的人生观和价值观，打牢抵御腐朽思想文化的根基，坚定卫国戍边的理想信念。要发挥边防文化的凝聚功能，使边防军民在共同的文化理念和价值追求的指引下，形成生死相依、休戚与共的认同感，并在新时期建设边疆、保卫边疆的实践中升华为伟大的爱国主义和民族凝聚力，成为强边固防的强大动力和抵御外来文化侵蚀的精神防线。要发挥边防文化激励功能，结合云南边防实际，引导激励军民一体保护建设家园，形成军民联防的共建体系，增强全民边防意识、军民战备观念，使边防文化成为促进边疆经济建设和国防建设协调、可持续发展的巨大动力。

在边防文化建设中，要注重结合民族工作和边防斗争特点，把国防文化融入边防文化中，让各族群众了解中华民族的历史，了解边疆军民的斗争史，增强民族自豪感，激发保卫祖国、建设边疆的动力；充分挖掘本民族的社会、历史、军事、文化等传统和现代教育资源，使教育真正收到富民兴滇强边固防的实效。在文化建设中，要注重军事文化，传承历史文化，弘扬民族文化，建设先进文化，发挥文化对戍边、稳边、安边、兴边中的重要作用，军地携手铸造文化形态富民强边的"隐形防线"，把每个边境村寨建成一个不调防的"连"、每个家庭建成一个不解散的"班"、每个村民成为一个不退伍的"兵"，让漫山遍野的牛羊成为主权象征，进一步增强各族群众维护祖国统一、维护边疆安全和民族团结的自觉性、坚定性。

要积极经营安全新边疆，强化当代边防文化的进取意识。重陆轻海、防御内守是中国传统边防文化根深蒂固的倾向，即使到了20世纪后半叶，新中国的军事战略仍深受其影响。然而，经过改革开放近40年的发展，中国大踏步走向世界，已经与世界形成了"你中有我、我中有你"的紧密关系，中国的安全利益疆界突破了传统的大陆封闭体系，向全球范围的海洋和太空延伸。同时，科学技术的飞速发展，信息时代的到来，使太空和网络空间成为国家安全至关重要的领域。在当今时代，没有太空安全和网络空间安全，就没有领土、领海、领空安全。因此，今天的国防重心已经不是简单的陆、海关系甚或陆、海、空关系问题，而是陆、海、空、天、网五维关系。这就要求我们从根本上超越传统思维，树立大国防观，面向未来，积极经营陆、海、空、天、疆，没有新边疆的安全就没有老边疆的安全，要在大力经营安全新边疆的实践中，锤炼和强化当代中国边防文化积极进取的精神。

有效应对国家安全面临的挑战，强化边防文化的战斗精神。在中国历史上，尚武精神经常会出现周期性弱化。每个朝代开创之初，军队和社会都具有强烈的尚武精神。但随着海内安定、社会升平便不可避免地武备废弛，军队和社会的尚武精神不断弱化，代之而起的是日益浓厚的安享太平思想。新中国成立后，一代又一代云南边疆民族地区边防卫士，以对党和人民的无限忠诚，在常人难以想象的恶劣环境中，用青春和热血在共和国西南边防上筑起一道坚不可摧的钢铁长城，形成了以卫国戍边、无私奉献为核心的边防精神。当前，云南边疆民族地区为捍卫国家主权的前沿、维护国家发展利益的依托、沟通周边的桥梁，关系国际国内两个大局，关系国家安全发展全局，维护边防安全要强化当代边防文化的战斗精神，破除当和平兵、和平官的思想，要敢于斗争、善于斗争，面对维护国家主权安全和发展利益的迫切要求，只有寸土必争、关键时刻敢于亮剑、敢于出手、出手必赢，才能树我国威军威、慑止对手挑衅、维护边海防安全。

　　建设云南边疆强大稳固的边防，要强化边防文化的凝聚力和向心力。边防文化是保持边疆社会稳定的无形力量，在其形成和发展过程中，大量地吸纳优秀传统文化、地域文化和边疆各民族文化，并成为边疆地区具有主导作用的文化，制约和影响边疆文化的发展。在几千年边疆建设过程中，我国各民族并肩战斗，形成了汉族和少数民族"谁也离不开谁"的血肉关系。我国以汉族为主体的各民族"大杂居、小聚居"的分布特点及边疆地区各民族交错居住的状况，决定了边防必须是军民共守的边防。新形势下云南边疆建设迎来了大发展大繁荣的新局面，要抓住有利时机，不断提升边防文化的融合力，强化当代边防文化的凝聚力和向心力。云南各族人民共同创造了绚丽多彩的文化，各民族以其文化个性使中华文化异彩纷呈，又以其文化共性表现出文化的趋同性，正是不同脉系的多种文化相互交融，不断发展，才铸就了云南边疆民族文化的灿烂与辉煌。要把发展边防文化与发展民族文化、提升民族精神结合起来，促进各民族文化的和谐。只有大力提升边防文化的凝聚力和向心力，才能超越民族、血缘、语言、习惯、地域等方面的差异，增强各民族人民的向心力，促进各民族团结进步；才能团结和凝聚各族人民的力量，锐意进取，不断激励边疆各族干部群众进一步增强爱国主义热情，自觉维护祖国统一和民族团结，维护安定团结的政治局面；才能在边疆大力发展边防文化的形势下不断提升边疆建设的新水平。

## 附 录（2017年发表的相关文章选登）

# 论云南边疆民族地区的边防文化

该文在《云南国防》2017年第4期刊用

我国是一个多民族国家，各族人民在保卫祖国、抵抗侵略中形成了历史悠久的边防文化，成为中华文化的重要组成部分。云南地处祖国的西南边疆，世居民族、特有民族、自治民族众多，戍边卫国、边境作战、维护稳定、实践丰富，在长期的历史进程中，形成了独具特色的边疆民族地区边防文化。本文从历史和现实的角度，对云南边防文化的内涵、特征和地位作用进行论述，试图为边疆民族地区边防文化研究提供理论支撑和实践总结。

## 一、云南边疆民族地区边防文化的内涵

边防是指国家为保卫主权、领土完整和安全，防备外敌入侵，维护边境地区正常秩序和社会稳定，在边境地区进行防卫和管理的活动。[①] 云南与越南、老挝和缅甸三个国家接壤相邻，有着4060公里的边境线，"八千里边防"孕育了源远流长、丰富多彩的边防文化。作为特殊的文化形态，云南边防文化是在长期边防实践中形成的，以边防守卫力量和边疆民族群众为主体，以先进军事文化和边疆民族文化为根基，以维护国家主权和促进边疆发展为目的，以爱国和奉献为主要内容，以思想理论和文学艺术为主要形式的精神活动及产品。

---
① 中国人民解放军军语[M].北京:军事科学出版社,2011:12.

## (一) 以边防守卫力量和边疆民族群众为主体

从实践的观点看，人不仅是文化作用的客体，而且还是文化的主体，并且最终作为主体表现为对文化的支配作用和享受地位，即按照自己的需要创造文化和改造文化。[①]云南边防文化主体具有多样性，并不局限于守卫边关的军人，而是既包括国家依法成立的边防守卫力量，也包括边疆民族地区的人民群众。首先，由于边防活动具有强烈的军事属性，自古以来边防守卫力量就是边防文化最为重要的主体。边防守卫力量是国家为保卫边境地区安全和稳定而依法设置的防卫力量的总和。边防守卫力量的配置，是由国家的边防体制和防卫地域的战略地位所决定的。云南是祖国的西南门户，在国家安全战略和军事战略中具有重要地位。在国家的边防守卫力量体系中，云南边防守卫力量由军队、武警、民兵、公安部队等力量组成。边防守卫力量在长期的边防实践中形成了富有爱国精神，体现时代特色，充满战斗激情，以军事文化为主体的军营边防文化。其次，云南是全国少数民族最多的省份，在长期的历史发展过程中，各族人民成为边防文化形成发展的重要主体。明清以前，云南因地处边疆，山河阻隔，文化发展缓慢，中原文化的传播并没有改变多民族文化并存的格局，在边境地区部族文化仍然占统治地位，边防文化更多体现在抵抗外族侵略中所形成的土著文化之中。近代以来，部族文化的优势地位逐渐被中原文化所取代，在先进文化的引领下，先后出现了腾越起义、昆明重九起义、临安起义等军事行动，极大地提升了云南各族人民的国家意识和民族认同感。抗日战争爆发后，云南与重庆、桂林成为整个国家的文化中心，各族人民爱国热情不断高涨，积极抵抗日本侵略者，通过松山战役、腾冲光复，云南成为了抗战时期沦陷国土最早被全部收复的省份，边防文化在抗战实践中不断得到发展完善。新中国成立后，云南边疆各民族与边防守卫力量在保卫边疆、建设边疆的实践中，相互支援、共同奋斗，形成了以忠诚、奉献、牺牲、进取为精神特质的边防文化，成为中华文化的重要组成部分。

---

① 肖三,满开宏.理想的文化生存[M].北京:国防工业出版社,2012:7.

## （二）以先进军事文化和边疆民族文化为根基

文化是民族的血脉，是人民的精神家园。云南边防地位重要、周边情况复杂、边疆历史悠久、边防斗争尖锐，边防文化在长期的建设实践中融入了先进军事文化和边疆民族文化的精神特质，展现了边防守卫力量与广大民族群众守边卫国、建设边疆的深深情怀。先进军事文化是党领导人民军队在长期奋斗中创造的宝贵精神财富，是体现我军性质宗旨、职能任务、历史传统的文化形态，是提高我军战斗力的重要因素和滋养官兵的精神沃土[1]。先进军事文化作为社会主义先进文化的重要组成部分，是边防文化赖以生存和发展的精神沃土。作为边防文化的主要创造者，人民军队在戍边卫国的具体实践和塑造的精神财富是边防文化的重要组成部分。云南边防部队在边防建设中不断吸收和继承先进军事文化的精髓，逐步积淀形成了以民族气节、革命英雄主义、乐观主义和"不怕死、不怕苦、不怕亏"的老山精神为代表的边防文化。另一方面，云南悠久的历史文化和多彩的民族文化成为边防文化的重要来源。云南地处高原，俯瞰中原，"云南的重要性不仅在于它本身就是一个硕大的市场，还在于它的地理位置的关键。自古以来，云南就是中国西南的门户，是联系巴蜀、藏、陕西部广大市场的纽带；是进入中国腹地经济最发达地区——长江流域市场又一重要通道和陆桥。"[2]近代以来，英、法等帝国主义妄图通过入侵云南侵略整个中国，云南各族人民英勇抗击外来侵略者，1856年滇南建水、通海、江川等地彝汉人民烧毁教堂，赶走了披着宗教外衣的帝国主义分子；1895年元阳、金平等地彝族、哈尼族人民曾多次抗击侵略滇南边疆的法国侵略军；19世纪末到20世纪初，英帝国主义不断武装入侵阿佤山，佤、傣各族人民起来抗击英国入侵。在反抗外来侵略的过程中，云南各族人民提升了对国家主体文化精神的认识，形成了团结一心、共御外侮、对抗邪恶、不畏强暴的

---

[1] 宋宴.军事文化建设新探[M].北京:国防大学出版社,2013:12.
[2] 陆韧.云南对外交通史[M].昆明:云南民族出版社,1997:320.

反侵略精神。同时，云南少数民族多彩的民俗文化、歌舞文化也是边防文化形成的重要来源，如景颇族的目脑舞向世人再现景颇先祖对外御敌时紧如铁壁、变幻莫测的战斗阵形，傈僳族的"爬刀竿"，其他少数民族的斗牛、摔跤、射箭，刀舞等民俗活动培养了少数民族英勇顽强的性格、坚忍不拔的毅力、视死如归的大无畏精神。

（三）以维护国家主权和促进边疆发展为目的

边疆地区是维护国家领土主权完整和保持社会长治久安的重要屏障。云南地处祖国的西南边疆，毗邻世界毒品集散地"金三角"，"黄赌毒私特艾"侵蚀严重，边境缅方一侧"民地武"长期割据，时常与政府军发生摩擦，给云南边境管控和防卫增加了不稳定因素。云南边防文化建设立足于国家安全和发展战略高度，服务于边防建设实践，坚决维护国家主权和领土完整，坚决维护国家经济、政治、社会、文化、生态安全。边防的稳定离不开边疆的发展。由于自然和历史的原因，云南少数民族众多，社会经济发展相对较慢，自然条件艰苦、交通不便、信息相对闭塞。云南边防文化坚持为边疆发展服务的原则，通过文化的引领作用，凝聚广大人民群众建设边疆、发展边疆的强大精神力量。在文化建设的具体实践中，云南边防文化展现了各族人民扎根边疆、任劳任怨、自强不息的宏伟画卷，体现了边防守卫力量无私奉献、卫国戍边、渴求真理、向往和平的精神追求，承载着军民团结的巨大精神力量。

（四）以爱国和奉献为主要内容

云南边防面对艰苦恶劣的自然环境、复杂敏感的边境斗争形势、艰巨繁重的守防任务，形成了以爱国和奉献为主要内容的边防文化。从历史上看，云南因地处边疆，历史上曾为饱受战争蹂躏的边地，各族人民同仇敌忾并肩战斗，求解放保和平，共同书写着爱国尚武情怀。云南是红军长征的征战地、抗日战争的重要战场，在长期抵抗侵略、巩固边防、建设边疆的实践中，形成了以爱国主义为核心的优秀军事文化，成为边防文化的重要来源。云南边防自然环境艰苦、经济社会发展落后，边情民情复杂，牺牲和奉献是边防文化重要价值追求。边防部队官兵为了祖国边境的安宁，常年驻守在高山、密林之中，与荒凉和寂寞相伴，守卫着八千里边防线。边防公安和武警官兵守卫着边境口岸和通道，在与走私和毒品的较量中，经常面临生与死的考验。历代边防守卫者用忠诚写下了奉献的誓言，为国家和民族进行了艰苦卓绝、可歌可泣的浴血奋战，共同铸就了坚不可摧的西南边防钢铁长城。

（五）以思想理论和文学艺术为主要形式

文化必须借助一定的载体、采用特定的形式表现出来才能发挥凝聚人、感染人、鼓舞人的作用，才能使文化不断得到延续、传承和发展。云南边防文化历史悠久、底蕴丰厚、形式多样，每个界碑都铭刻着一个故事，每段边防线都延续着一份情愫，每个哨所都涵养着一种精神。从表现形式上划分，云南边防文化可分为以逻辑思维为主要表达方式的思想理论和以形象思维为主要表达方式的文学艺术作品。思想理论主要包括研究云南边防文化实践的理论归纳与总结概括，如学术文章、理论著作、研究报告等。从目前学界的研究情况看，对云南边防文化的理论研究还缺乏深度和广度，现有的研究大多从边防军营文化的角度开展研究，对边防文化与民族文化的融合、民族地区边防文化的理论与实践等领域研究不够。文学艺术作品包括小说、书法、雕塑、音乐、歌曲、美术、舞蹈、电影、戏剧、电视剧等艺术表现形式。云南边疆少数民族地区是"歌的海洋""舞的世界"，在长期的历史发展过程中，云南众多民族和历代边防守卫力量创造了丰富多彩的边防文化艺术形式和艺术作品，是中华艺术宝库中的珍贵财富。

## 二、云南边疆民族地区边防文化的特征

（一）强烈的政治性

边防稳定关系到国家的长治久安，关系到边疆的长远发展。边防文化以维护国家主权和促进边疆发展为目的，从这个意义上来说，边防文化具有强烈的政治属性。云南地处祖国西南边疆，境外敌情社情复杂，守边固防任务艰巨。边防文化建设始终坚持以党和国家的路线方针政策

为指导，吸收先进军事文化、国防文化、民族文化的精华，体现中国特色社会主义先进文化的要求，成为凝聚各方力量意志的精神力量。

（二）多样的民族性

文化是人类适应生存环境的社会成果，为人的社会群体所共享，所以文化与民族须臾不能分离，相融共生。[①]云南边防文化融入了云南各民族文化中爱国奉献、团结和睦、勤劳朴实的文化内容，代表着各族人民保家卫国、民族团结、民族发展的共同利益和愿望。从表现形式上看，不同的文化主体创造的边防文化各具特色。边防守卫力量创造的军营文化展现边防官兵听党指挥、报效国家、牺牲奉献的精神力量。边疆少数民族的边防文化以歌舞、诗歌等文学作品为主要表现形式，展现了各族人民保卫边防、建设边疆的精神风貌。

（三）高度的融合性

云南边防文化的形成过程也是不同各民族相互融合，不断强化国家认同、民族认同的过程。这种交流融合不仅局限于边防主体之间、各族群众之间的融合，更扩展到云南边防文化与内地文化、与其他地区边防文化、跨境文化的交流融合。同时，边防守卫力量与边疆民族群众在戍边卫国的同时，积极投身西部大开发、兴边富民工程建设，充分发挥边防文化的渗透融合作用，不断增强边防文化的时代性和感召力。

（四）广泛的人民性

人民的立场是马克思主义的根本立场，人民性是社会主义文化的本质属性。云南边防文化来源于人民、植根于人民，展现了强大的生命力与凝聚力。就文化的主体而言，云南边防文化的创造主体和接受客体都不局限于以军人为主的边防守卫力量。广大人民群众，特别是边疆民族群众已经成为云南边防文化的创造主体和受众客体。云南边防文化主体既是文化的创造者，也是文化的参与者，代表着云南各族人民群众的根本利益与要求，既扎根于人民大众的文化实践，又发展于人民大众的文

---

① 赵世林.云南少数民族文化传承论纲[M].昆明:云南人民出版社,2011:14.

化创造活动。

（五）鲜明的创新性

云南边防文化始终注重在继承的基础上不断创新，形成了独具云南特色的文化现象。比如，云南省创造性地实施了"千里边疆党建长廊"工程，在25个边境县推开，探索了"一个党支部一座堡垒，一个党员一面旗帜，一个边民一个哨兵"的云南模式，夯实了基层执政基础，维护了国家形象，促进了民族团结和边疆安全。云南驻军着眼发展先进军事文化，开展"云南边防八千里文化长廊"建设，实施"维稳、民心、固本、兴边"工程，为加速推进军事斗争准备，加强部队全面建设，有效履行肩负的历史使命提供了强大的精神动力。

### 三、云南边疆民族地区边防文化的地位作用

（一）社会主义先进文化的组成部分

社会主义先进文化是中华民族伟大复兴的强大精神支撑和民族凝聚力、向心力的重要源泉。边防稳固、边疆发展是实现中华民族伟大复兴的重要基础。边防文化始终着眼于培养人、塑造人、影响人，通过提升边防守卫力量和边疆民族群众的爱国意识和综合素质，增强守边固防、建设边疆的本领。云南边防文化的形成过程是不断吸收创造各种先进文化、淘汰落后文化的过程。一方面，由于边防活动具有军事属性，先进军事文化中关于边境防卫和管理的内容成为云南边防文化的重要组成部分。边防官兵在长期的边防实践中形成了以老山精神为主体的爱国主义和奉献精神，创造的丰富多彩的边防军营文化，都成为云南边防文化的重要来源。另一方面，边防离不开边疆各族人民积极参与，在长期的边防实践活动中，各民族文化中的爱好和平、崇尚统一、不畏强敌、艰苦奋斗等传统精神文化也深深融入云南边防文化中，成为凝聚各族人民团结奋斗的精神旗帜。在新的历史时期，只有继续弘扬云南边防文化，才能不断提升文化在边防建设中的软实力作用，增强边防文化的吸引力、感召力、影响力，有效维护云南边疆民族地区的文化安全。

(二)传统革命文化的继承创新

中华文化源远流长、博大精深,蕴涵着中国人民勇于奉献、敢于牺牲、百折不挠的崇高品质,彰显着人类优秀精神、理念和情怀的革命文化,已经成为中华民族宝贵的精神财富,也成为云南边防文化的精神根基。云南地处祖国的西南门户,具有重要的战略地位。近代以来,随着中国逐渐沦为半殖民地半封建社会,英国、法国、日本等帝国主义国家先后对云南进行侵略和渗透。云南边防守卫力量和各族人民与帝国主义侵略势力进行了英勇顽强的斗争,在干崖、陇川、片马、班洪等地抗击英国侵略者,通过反对法国依仗滇越铁路对云南的侵略及争取矿权的斗争抗击法国侵略者,修筑滇缅公路,组织少数民族游击队在怒江地区抗击日本侵略者,显示了云南各族人民联合反抗外来侵略,维护国家领土完整的意志和决心。20世纪80年代,面对越南在边境的挑衅,边防守卫力量和边疆民族群众进行有力还击,捍卫了国家主权利益和领土完整,创造了以艰苦奋斗、无私奉献为核心的"老山精神"。云南边防文化正是在传统革命文化的继承创新中逐步发展起来,展现出强烈的忧患意识和为国牺牲奉献的革命英雄主义情怀,成为激励广大边防主体扎根边疆、守卫边疆、建设边疆的精神之魂。

(三)凝聚军民力量的精神支柱

文化是一个国家和民族生存发展的根本力量。中华民族数千年来历经磨难仍能团结统一、奋勇前行,这跟中华文化蕴含的伟大民族精神凝聚、砥砺、激发着中华民族有极大关系。作为先进文化的组成部分,云南边防文化的突出作用,就在于它能为守边卫国、发展边疆提供强大的精神动力、智力支持和思想保证。在边防实践中,边防文化充分发挥了励志铸魂、鼓劲提气、陶情育人、凝心聚力的作用,形成了文化强边、文化固边、文化兴边的良好局面。边防守卫力量面对意识形态领域斗争的严峻考验,面对多元思想文化和多种价值观念的冲击,面对"黄赌毒私特艾"的侵蚀影响,用先进边防文化占领官兵思想阵地,凝心聚力、磨砺意志、锻造品格,不断提升守边卫国的素质本领。边防守卫力量和地方政府充分发挥文化的渗透融合作用,积极引领精神文明建设、促进社会经济发展、巩固军政军民团结。云南作为一个民族最多的省份,迄今为止也是民族间相处最为和谐和融洽的省份,边防文化的凝聚力、向心力在促进民族团结中起着重要的作用,它不但成为了民族间和谐相处、友好共存的黏合剂,也是今天云南建设"民族团结进步示范区"的重要法宝之一。

(四)戍边强边兴边的宝贵财富

文化是一个民族凝聚力、创造力、生命力的源泉,也是一个国家综合国力和核心竞争力的基本依托。云南边防文化虽然建在局部,但影响全局。云南边防文化建设强调云南"边疆""民族"这个特色,坚持以部队建设和社会需求为牵引,弘扬时代主旋律为主题,以共建文化设施、共用文化资源、共享文化成果、共促文化繁荣为目标,强调构建"大边防""大文化"这个格局,是军事文化、民族文化和时代精神有机融合的产物。从建设范围看,既包含着部队、也包含着地方,既涵盖了边防、也涵盖了内地,是新形势下军地携手发展社会主义先进文化的一个全新创举。从建设效果来看,在大力发展先进军事文化的同时,注重与当地少数民族区域文化积极融合,做到了既体现军营特色,又凸显民族风情,在融合中既丰富边防文化内涵、提升官兵文化品位,又促进军民团结、民族团结,为实现富民兴滇、强边固防作贡献。

# 推进云南民族文化和边防文化融合

该文在《社会主义论坛》2017年第1期刊用

文化是一个国家的精神根基,是一个民族获得自信的心理根源,是全体人民凝结成一个整体的重要纽带。文化磁石般的向心力,余秋雨先生在《听听那冷雨》的文章里有非常形象的描述:"杏花,春雨,江南。六个方块字,或许那片土地就在那里面。而无论赤县也好中国也好,变来变去,只要仓颉的灵感不灭,美丽的中文不老,那形象磁石般的向心力当必然长在。因为一个方块字是一个天地。太初有字,于是汉族的心灵他祖先的回忆和希望便有了寄托。"

(一)先进文化是民族的血脉和灵魂、人民的精神家园和国家发展的重要支撑,一定要站在国家安全和发展战略全局的高度,充分认识加强云南民族文化和边防文化建设的重大意义

习近平总书记2013年在十届全国人大一次会议闭幕会上讲话指出,"中华民族具有5000多年连绵不断的文明历史,创造了博大精深的中华文化,为人类文明进步作出了不可磨灭的贡献。经过几千年的沧桑岁月,把我们56个民族、13亿多人紧紧凝聚在一起的,是我们共同经历的非凡奋斗,是我们共同创造的美好家园,是我们共同培育的民族精神,而贯穿其中的、最重要的是我们共同坚守的理想信念。"我们一定要坚定中华民族优秀传统文化,是中华民族的根和魂。

今天,美国等西方国家也想在中国来一场西亚、北非式的"民主革

命",美国著名智库兰德公司认为,灭掉中国难度很大,但肢解中国是可能的,全方位对我国进行渗透,大力推行"西化""分化"搞"颜色革命"。他们始终认为,日益强大的中国,不符合美国的利益。现在,我们青少年基本是看着好莱坞大片、吃着肯德基薯片、用着微软芯片长大的,对我们传统文化知之甚少;社会上还有一种现象,谈电影,言必称好莱坞;谈获奖,言必称诺贝尔;谈科技,言必称美国;谈手机,言必称"苹果"。2016年9月9日,苹果7开始接受预订,网上铺天盖地都是苹果7,但很多人不知道这一天是毛主席逝世40周年的纪念日。这就是人家的文化软实力,文化全球化变成了西方文化全球化。

国家和民族的强盛,离不开文化的支撑。中华民族的伟大复兴,需要以中华文化的发展繁荣为条件。提高国家文化软实力,需要努力夯实国家文化软实力的根基,努力传播当代中国价值观念,增强全民族文化创造活力,提高国际话语权。同时,也要牢固树立文化安全意识,坚持走中国特色社会主义文化发展道路,大力培育和弘扬社会主义核心价值观,加快构建充分反映中国特色、民族特色、时代特征的价值体系。

近年来,云南在国家战略中的区位优势更加凸显,既是国家对外开放、走向东南亚南亚的战略要冲和"一带一路"的排头兵,又是抵御外敌入侵的重要屏障,同时还是大国利益的交汇区、各种矛盾的交集区、维护国家主权的复杂区,传统安全威胁与非传统安全威胁并存,云南周边安全与国家核心利益的关联度持续上升。藏独、疆独、民运等分裂势力活动频繁,缅甸政局不稳,缅北形势紧张,对云南社会稳定、边境安全造成重大隐患。我们要牢记古训:有备无患、忘战必危!因此,必须大力加强云南民族文化和边防文化的建设,唤起各民族的忧患意识和使命意识,为云南边疆民族地区的长治久安营造浓厚的思想氛围。

(二)云南军民在长期的生产实践、戍边御敌中产生的反映民族团结、边防建设的文化,是体现中华民族优秀传统文化和爱国主义精神,激励和鼓舞边疆军民建设边疆保卫边疆的先进文化

习近平总书记在哲学社会科学工作座谈会上的讲话明确指出,"我

们就要坚定中国特色社会主义道路自信、理论自信、制度自信，说到底是坚定文化自信。文化自信是更根本、更深沉、更持久的力量。"地处祖国西南边陲的云南，因多姿多彩的民族风情、美轮美奂的自然风光，加之云岭儿女御辱抗战的光荣传统，是一块民族文化和边防文化底蕴十分深厚的热土。

由于地理位置和地缘政治的原因，云南这块神奇美丽的土地，成了饱受战争蹂躏的边地。屡遭战火洗礼的云岭儿女，倍加珍惜和平，为开发建设、保卫边疆，为争取中华民族的独立、自由和幸福，进行了艰苦卓绝、不屈不挠的斗争，在中国军事史上留下了光辉的篇章。云南军民用血与火、生与死书写了巩固国防、保卫边疆的战斗史，不畏艰险、勇于创业的奉献史，军民团结、齐心协力建设边疆的奋斗史。

从地理位置上看，云南地处祖国西南边陲，有八千里边防线，外与越南、缅甸、老挝3国接壤，内连四川、贵州、西藏、广西。由于复杂的地形地貌和独特的气候类型，孕育了得天独厚的丰富自然资源，享有"植物王国""动物王国""有色金属王国""生物基因库"等盛誉。十里不同天，十里不同俗，在这片美丽神奇富饶的土地上，26个世居少数民族跳着自己独特的舞蹈，唱着自己独特的歌谣。彝族"火把节"、白族"三月街"、傣族"泼水节"、傈僳族"上刀山下火海"……纷纭的文化、不同的生活方式和形态各异的风俗，使云南边防成为一条绚丽多彩的民族文化风景线。

从战略地位看，云南作为祖国的西南门户，战略地位的重要性不言而喻。诚然，云南成为了历代兵家必争之地，在这里发生的军事活动，不仅在某些历史阶段直接影响着社会发展的进程和民族的兴旺盛衰，同时对于巩固祖国西南边陲起着重要的作用。仅近代以来，云南就先后发生了重九起义、云南护国运动、滇西抗战、解放云南、剿匪平叛、戡界警卫、援越抗美、援老筑路、自卫还击和边境大扫雷等战争和重大军事行动。新中国成立60多年来，在云南这块历经战火洗礼的热土上，先后产生了一批军事题材的优秀影视剧和脍炙人口的军旅歌曲以及反映民族团结、边防建设和军民一心戍边御敌的作品。这些文化成果绝非偶然，它是体现中华民族优秀传统文化和强烈的爱国主义精神，激励和鼓舞边疆军民建设边疆、保卫边疆的先进文化。

（三）紧贴云南边疆民族地区特点和"一带一路"发展要求，注重云南民族文化与边防文化的融合，打造富民兴滇强边固防的隐形防线

走进云南边防，踏上这条神秘的雄关漫道，就是在寻找一种精神，一种意志，一种力量，边境的奇山异水、独特的风俗民情、远古的遗址痕迹、留存的历史故事，边防军人"不要把国土守小，不要把主权守丢"的铮铮誓言……这一切，成为了我们了解祖国西南边陲的一面镜子。

云南是中华人民共和国成立后战事最多、持续时间最长的边疆省份，对经济社会发展带来很大影响，和平来之不易，现在边境形势依然复杂，给边疆地区和平安宁带来严峻挑战。我们要牢固树立服从服务于经济建设中心的观念，自觉把国防建设同经济建设结合起来，自觉把云南民族文化和边防文化融合起来，为建设幸福新云南打下坚实的思想基础。

加强云南边疆民族地区民族文化和边防文化的融合，有利于加强军政军民团结，巩固富民兴滇强边固防的思想根基；有利于确保边疆民族地区意识形态安全，维护边疆长治久安和社会繁荣稳定；有利于推动民族团结进步示范区、生态文明建设排头兵、面向南亚东南亚辐射中心建设，闯出一条跨越式发展的路子；有利于推动边境地区与全国同步全面建成小康社会，谱写中国梦云南新篇章。

边界的历史，是国势强弱盛衰的晴雨表。如诗如画的云南边防，处处写满了抗敌御辱、富民兴滇、强边固防的故事。在开展教育中，要注重结合民族工作和边防斗争特点，把边防文化融入传统教育中，让各族群众了解中华民族的历史，了解边疆军民的斗争史，增强民族自豪感，激发保卫祖国、建设边疆的动力；充分挖掘本民族的社会、历史、军

事、文化等传统和现代教育资源,使教育真正收到富民兴滇强边固防的实效。在文化建设中,要注重军事文化,传承历史文化,弘扬民族文化,建设先进文化,发挥文化对戍边、稳边、安边、兴边中的重要作用,军地携手铸造文化形态富民强边的"隐形防线",把每个边境村寨建成一个不调防的"连"、每个家庭建成一个不解散的"班"、每个村民成为一个不退伍的"兵",让漫山遍野的牛羊成为主权象征,进一步增强各族人民维护祖国统一、维护民族团结和边疆安全的自觉性坚定性。

## 南疆山魂

该文在《云南日报》第23959期第5版刊用

近日,我们沿着中越边境,追寻昔日狼烟,聆听英雄事迹,抚摸战争记忆,瞻仰边关风采。昔日炮火纷飞的老山、者阴山、狮子山、八里河东山……又成了今日的主战场,云南省军区扫雷部队官兵齐聚南疆边陲,余下的硝烟将在他们手上终结。

当飞机降落在文山机场,我们便坐上云南省军区扫雷指挥部的越野车,一路朝着富宁县田蓬镇奔去,位于田蓬镇的狮子山是30年前作战的主阵地之一,扫雷三队官兵便驻扎在狮子山脚下。

一到狮子山,一对可爱的镀金小狮子便映入眼帘,沿山而上,看见了曾经想象过无数遍的哨所山门,石岩壁上几个苍劲有力的大字格外显眼:"国威军威再看南疆!"这是胡耀邦总书记当年的题词,如今依然展现着狮子山波澜壮阔的历史。

驻守在狮子山哨所的官兵有一个接力传承了33年的"南疆红领巾辅导站"。33年前,驻狮子山阵地的官兵冒着炮火硝烟,坚持给万里之外的黑龙江虎林小学的同学写信,引导少年儿童立志成才、报效祖国,受到了党和国家领导人的高度肯定。至此,校外辅导的接力棒由官兵传承下来。33年,"南疆红领巾辅导站"通过开展书信交流、网上沟通、校外辅导、捐资助学、军事夏令营等活动,先后与浙江南湖小学、云南西盟"周恩来班"等20多个省市110所学校建立了校外辅导关系。

现在，在"南疆红领巾辅导站"精神的辐射下，官兵们正努力把边境一线战场遗址和营院环境建设成集文化熏陶、思想教育、科技学习、文化娱乐为一体的社会主义核心价值观培育基地。

"到狮子山就像回家一样！"随我们一起上山的扫雷指挥部司务长刘忠玖说。刘忠玖是一名有着11年兵龄的贵州籍老兵，他在狮子山哨所度过了9个多年头，近10年的坚守，狮子山对于他是一种不可磨灭的记忆，融入了他的军旅生涯。

沿山而上270多级台阶，尽头连接着昔日的坑道，一路上大大小小的猫耳洞、战壕，仿佛诉说着昔日坚守作战的惨烈。出了坑道，便是狮子山顶峰，高高的哨塔耸立在山顶上，如今已人去楼空，但哨塔犹如一个坚韧的哨兵，痴情地守护着祖国的南疆。

那时刘忠玖代理排长，带领4名战士守哨所，吃水要轮流从山下水塘子里背，3公里的路程，由于山高坡陡，背一趟水得要半天时间。

狮子山还是有名的"雷山"，山上经常打雷，哨所的电器经常被雷击坏，有一次哨所的军犬不小心被雷电击死，守山的官兵伤心了好一阵子。"狮子山不仅天上有雷患，地下的'雷患'更是让人无法逾越！"顺着扫雷三队队长蒋俊峰的手指望去，坑道外面立着一块块雷区标示牌，牌子上的骷髅仿佛在咧嘴挑衅。沉默许多，大家相视一笑，"雷患"的挑衅么？我们英雄的扫雷部队已集结山下，雷患将在他们手上终结。

从狮子山下来，又直奔麻栗坡县城。

八里河东山在县城内，位于船头口岸，与越南一山之隔，南北低，中间高，西陡东缓，观察、通行极为困难，易守难攻，战略位置非常重要。

麻栗坡县天保镇有所闻名全国的帐篷小学，扫雷一队官兵便驻扎在这里。帐篷小学诞生于炮火硝烟之中，当时边防部队在八里河东山山腰搭帐篷做教室、垒弹箱做桌凳，在炮声隆隆、硝烟弥漫的战场上创办的一所战地小学。现在的帐篷小学已建成砖混结构的小学校，迁到了八里河东山芭蕉坪，学校面积不大，教学楼四面是雷区，学生朗朗的读书声，恰似催征的战鼓，坚定着扫雷官兵清除雷患的决心。

"我们一来，学校便腾出宿舍，老师们都搬到一起睡高低床，腾出的宿舍都让给了我们。"扫雷一队教导员焦之新说。

从八里河东山下来，便到了驻扎在老山脚下的扫雷四队，我们又沿着蜿蜒曲折的公路，向老山驶去。

在老山主峰近20平方米的战史陈列室里，各种历史实物还是呈现了当时的战斗场景，仰望着白色墙壁上的战史资料，抚今追昔，感慨万千……

上老山主峰阵地一共有223级台阶，这是为纪念收复老山战斗中牺牲的223名官兵。拾阶而上，我们登上了海拔1422.2米的老山主峰。

在老山主峰最高处，一座石雕正面镶嵌着一块大石碑，石碑上刻着由张爱萍将军题写的"老山精神万岁"6个大字。这6个苍劲有力的大字，抒写了一代代戍边人用鲜血和生命铸就的时代精神。石碑由三层尖刀重叠而成，代表"井冈山精神、延安精神和老山精神"，据说也代表"海、陆、空"三军。石雕高4.28米，是纪念4月28日收复老山的日子。在石雕一侧镌刻着"艰苦奋斗，无私奉献"8个大字，这是老山精神的主旨，它仿佛在提醒每一个到访老山的人，无论战争还是和平，都要把"艰苦奋斗、无私奉献"这一时代精神融入血脉。

"老山作战纪念馆麻栗坡烈士陵园和老山主峰"今日已成为云南省国防教育基地和全省干部爱国主义现场教学基地，云南省委党校、云南农村干部学院等各级干部培训教育机构，各类干部培训班每年都要赴老山开展国防教育和党性教育。文山壮族苗族自治州团州委常态组织青年志愿者徒步登顶老山主峰，开展"祖国情怀·英雄老山"爱心之旅公益活动；前不久，云南农村干部学院第2期农村基层执政骨干专题研修班学员也到老山开展"老山精神"理想信念教育现场教学，用"老山精神"为广大干部补精神之"钙"。

穿越历史的硝烟，不禁让我想起前些日子去过的者阴山。如今雷患像一把高悬的利剑，冷不丁就会炸响，给边疆的开发开放带来了阻碍，给群众的生命财产带来了危害，给边民的生产生活带来了困难。云南省军区扫雷部队官兵，已然奏响和平赞歌，为人民扫雷，为和平扫雷。

从老山主峰下来，刚好碰到上老山拉练的驻麻栗坡边防某团新兵，他们打着背包，吼着战歌，手持冲锋枪向老山主峰冲去。听带队的干部讲，这是这个团新训战士的毕业仪式，每年新兵下连之前，必须要先上老山，接受老山精神教育。因为这个团叫"老山团"，这个团的兵叫"老山兵""老山精神"是这个团的血脉，他们便是老山精神的传承者。

山风、林韵、芭蕉露。"雷场崛起新口岸，一切真像在梦中！"来到天保口岸，深深被这里亚热带风情所陶醉。放眼望去，行人熙熙攘攘，车辆川流不息，一排排漂亮的小楼房依山而建，天保成了一座繁华的边贸小城。

界碑，把盘龙江畔的山水分成了中越两国。和平的苍穹下，国门却成了两国边民互市往来的"黄金通道"。据天保口岸公安边防检查站的同志介绍，自1993年天保口岸开通以来，每天出入境人员数以百计，重大节日则超过上千人次。除一部分旅游和探亲访友的人外，绝大部分是到口岸做买卖的边民。口岸开通后，边民的生意是越做越红火。

离开了天保口岸，我们便往麻栗坡烈士陵园赶。麻栗坡烈士陵园和老山作战纪念馆紧挨在一块，都是全国国防教育示范基地和云南省国防教育示范基地。刚进烈士陵园，便遇到了在麻栗坡边防某团当兵锻炼的省军区宣传处副团职干事缪寿章。敬英雄爱英雄，也许就是军人的一种默契吧。他说："明天就要回单位了，来看看战友们！"

烈士墓碑前，每人点燃三支烟，三鞠躬后，轻轻地插在了碑前的祭坛里。缪寿章打开酒瓶，沿着墓碑轻轻地洒了一圈，大家不再言语，担心惊扰了勇士们。

南疆边陲，因无数英雄鲜血的侵染、无数英烈忠魂的熔铸，早已融入了大地化作了山脉，横亘在南疆，守卫着祖国。"也许我长眠再不能醒来，你是否相信我化作了山脉……"这是昔日勇士生命的告白。今天，我们扫雷官兵再次用行动践行"共和国的土壤里，有我们付出的爱！"

# 后 记

文化安全是国家安全的重要保障，是习近平总书记总体国家安全观的重要组成部分。近年来，云南在国家战略中的区位优势更加凸显，既是国家对外开放、走向东南亚南亚的战略要冲和"一带一路"的排头兵，又是抵御外敌入侵的重要屏障，同时还是大国利益的交汇区、各种矛盾的交集区、维护国家主权的复杂区，传统安全威胁与非传统安全威胁并存，云南周边安全与国家核心利益的关联度持续上升。藏独、疆独、民运等分裂势力活动频繁，缅甸政局不稳，缅北形势紧张，对云南社会稳定、边境安全造成重大隐患。

云南军民在长期生产实践、戍边御敌中产生的反映民族团结、边防建设的文化，是中华民族优秀传统文化和爱国主义精神的体现，是激励和鼓舞边疆军民建设边疆保卫边疆的先进文化。大力加强云南民族文化和边防文化的建设，有利于加强军政军民团结，巩固富民兴滇强边固防的思想根基；有利于确保边疆民族地区意识形态安全，维护边疆长治久安和社会繁荣稳定；有利于推动民族团结进步示范区、生态文明建设排头兵、面向南亚东南亚辐射中心建设；有利于推动边境地区与全国同步全面建成小康社会，谱写中国梦云南新篇章。

受领研究任务后，课题组成员分头到了文山、蒙自、德宏、普洱、版纳、临沧、保山、怒江边境一线进行调研，并到省文化厅、省新闻出版广电局、云南日报等相关部门座谈，了解我省民族文化建设情况，听取边防文化建设的建议。云南省公安边防总队政治工作部宣传处处长杨玺还提供了我省公安边防部队积极参与边防文化建设和实践的丰富资料。课题从研究云南省抓民族文化的历史出发，梳理云南边防文化发展的历程，从历史与现实的角度，采用事例论证、对比论证、列举论证等论证方法，从中找出经验规律，力求达成课题研究的科学性和说服力。研究过程中，《论云南边疆民族地区的边防文化》《推进云南民族文化和边防文化融合》等论文先后在《社会主义论坛》《云南国防》等刊物发表。

课题结题报告分别征求了云南省社会科学院马列研究所所长、研究员黄小军博士，云南农业大学马克思主义学院院长杨永健教授的意见。黄小军所长对课题结题稿审定后，认为"该研究深刻的阐释了云南边疆民族地区边防文化的基本内涵、主要特征以及地位作用，从历史与现实的维度，理清了云南边防文化建设的基本规律，对于边疆民族地区的文化自信、建设各民族共有的精神家园、聚力强边固防具有较强的理论价值和现实意义"。杨永健院长对课题结题稿审定后，认为"该研究站在国家战略的高度，从历史中探索规律，从现实中分析问题，面向未来研究对策，从理论逻辑和整体性上把握，系统论述了云南边疆民族地区边防文化的建设历程、面临形势、存在问题、对策建设，在党中央积极倡导大力推进文化自觉、文化自信、文化自强的背景下，对于繁荣军民融合与民族文化和军事文化，实现强边固防具有很强的理论指导性"。两位专家还认为"以专项研究成果转化为理论专著，是近年来第一部以习近平总书记'文化安全观'为指导，系统论述边防文化建设的著作，填补了边防文化研究的空白"。

党的十八届三中全会提出切实维护国家文化安全的战略任务，进一步提升了文化安全在国家安全中的重要地位。文化安全的核心是意识形态安全，开展边疆民族地区文化安全与治理实践研究，构建具有中国特色边疆民族地区文化安全体系，对于丰富和发展马克思主义理论，巩固马克思主义在意识形态领域的指导地位，巩固全党全国各族人民团结奋斗的共同思想基础，增强中国特色社会主义道路自信、理论自信、制度自信、文化自信，抵御境外思想文化渗透，维护边疆繁荣稳定，实现

"两个一百年"奋斗目标和中华民族伟大复兴的中国梦，具有深远的历史意义和重大的现实意义。在研究过程中我们认真参阅了诸多专家学者和相关研究人员的成果，尤其是军地有关部门很多内部资料。在此，谨向所有成果提供者和军地有关部门致以诚挚的谢意。由于我们理论水平和实践能力的局限，该课题研究肯定存在诸多疏漏和不当之处，恳请学界和广大读者批评指正。最后，感谢云南人民出版社的大力支持和有关编辑所付出的辛勤工作。

课题组<br>2017年12月

## 参考文献

[1]习近平. 决胜全面建成小康社会 夺取新时代中国特色社会主义伟大胜利——在中国共产党第十九次全国代表大会上的报告[N].人民日报,2017-10-28.

[2]习近平.之江新语[M].杭州: 浙江人民出版社, 2013.

[3]习近平. 在参加十二届人大一次会议西藏代表团审议时的讲话[N].人民日报,2013-3-9.

[4]习近平. 在北京大学师生座谈会上的讲话[N].人民日报, 2014-5-5.

[5]中共中央文献研究室.习近平关于实现中华民族伟大复兴的中国梦论述摘编[M].北京:中央文献出版社, 2013.

[6]习近平. 在联合国发展峰会上的讲话[N].人民日报, 2015-9-27.

[7]马克思恩格斯文集[M].北京: 人民出版社, 2009.

[8]马克思恩格斯全集[M].北京: 人民出版社, 1972.

[9]列宁选集[M].北京: 人民出版社, 1995.

[10] 毛泽东选集[M].北京: 人民出版社, 1991.

[11]邓小平文选[M].北京: 人民出版社, 1994.

[12]中共十三届四中全会以来历次全国代表大会中央全会重要文献选编[M].北京:中央文献出版社, 2002.

[13]江泽民文选[M].北京: 人民出版社, 2006.

[14]江泽民.全面建设小康社会开创中国特色社会主义新局面—在中国共产党第十六次全国代表大会上的报告[J].理论学习, 2002 (11).

[15]胡锦涛.坚定不移沿着中国特色社会主义道路前进为全面建成小

康社会而奋斗—在中国共产党第十八次全国代表大会上的报告[J].新长征,2012(12).

[16]辞海编辑委员会.辞海[M].第6版.上海:上海辞书出版社,2009.

[17]中国人民解放军军语[M].北京.军事科学出版社,2011.

[18]杨鸿春,杨自坚.滇边印记(上、下)[M].昆明:云南人民出版社,2012.

[19]肖三,满开宏.理想的文化生存[M].北京:国防工业出版社,2012.

[20]杨鸿春.云南边境地区马克思主义大众化研究[M].昆明:云南人民出版社,2015.

[21]宋宴.军事文化建设新探[M].北京:国防大学出版社,2013.

[22]陆韧.云南对外交通史[M].昆明:云南民族出版社,1997.

[22]赵世林.云南少数民族文化传承论纲[M].昆明:云南人民出版社,2011.

[23]暴立民,杨鸿春等.云南边疆民族地区国防建设成就问题启示[M].昆明:云南人民出版社,2017.